Kommt mit nach Betlehem!

MATERIALIEN ZUR GEMEINDEARBEIT

- ☐ Kleinkinder
- ■ Kinder
- ■ Jugendliche
- ■ Familien
- ☐ Senioren

Bibliographische Informationen Der Deutschen Bibliothek

Die Deutsche Bibliothek verzeichnet diese Publikation in der Deutschen Nationalbibliografie; detaillierte bibliografische Daten sind im Internet über http://dnb.ddb.de abrufbar.

1. Auflage
Typografie und Herstellung: Dieter Kani, Stuttgart
Umschlaggestaltung: Gerd Ulmer / Dieter Kani
Titelfoto: Gerd Ulmer, Hemmingen
Illustrationen:
Dorothea Layer-Stahl, Winnenden:
Seite 13, 20, 21, 22, 23, 28, 29, 44, 45, 94, 95, 102
Dieter Kani, Stuttgart: Seite 28 unten, 33, 45 oben, 53–59
Druck und Bindearbeiten:
Pbtisk s.r.o.m. Pribram, Tschechische Republik

ISBN 978-3-7797-2077-5 (Verlag Junge Gemeinde)
ISBN 978-3-460-25018-5 (Verlag Kath. Bibelwerk)

DIETER WITT

Kommt mit nach Betlehem!

Gottesdienste
Krippenspiele
Impulse

Kreative Bausteine
für die Advents-
und Weihnachtszeit

Verlag
Junge Gemeinde

kbw bibelwerk

Inhalt

Nachweis:
Alle Texte, bei denen nicht eigens ein anderer Autor angegeben ist, stammen von Dieter Witt.

Verzeichnis der Lieder

Abkürzungen

DS	Dir sing ich mein Lied, Das Kinder- und Familiengesangbuch, Schwabenverlag, Ostfildern
EG	Evangelisches Gesangbuch
EG RT	Evangelisches Gesangbuch Regionalteile
EH	Erdentöne – Himmelsklänge, Schwabenverlag, Ostfildern
GL	Gotteslob, Katholisches Gesangbuch
KG	Kindergesangbuch, Claudius Verlag, München
KKH	Kinder-Kirchen-Hits, Verlag Junge Gemeinde, Leinfelden-Echterdingen und Kontakte Musikverlag, Lippstadt
LJ	Liederbuch für die Jugend, Gütersloher Verlagshaus, Gütersloh

Eine Puppe in der Krippe

Anstelle eines Vorworts

»Herr Pfarrer, ich möchte meine Puppe in die Krippe legen!« So bettelte die Maria unseres Weihnachtsspiels. Ich war als Pfarrer, jung und unerfahren, gerade erst neu in die Gemeinde gekommen und war damals der Meinung, es ginge nicht an, eine Puppe als Jesuskind in die Krippe zu legen. Alles Betteln der Maria half nichts: Ich blieb damals hart. Noch heute tut mir das Leid!

Selbstverständlich lag dann in späteren Jahren bei unseren Weihnachtsspielen eine Puppe in der Krippe. Denn ich erfuhr, wie wichtig es Kindern ist, wenn ihre Puppe beim Weihnachtsfest die Rolle des Kindes in der Krippe übernehmen kann. Wie ich zu dieser Einsicht kam? Nun, das hat etwas damit zu tun, dass inzwischen unsere eigenen drei Kinder geboren und zwei von ihnen alt genug waren, um beim weihnachtlichen Krippenspiel mitzuwirken.

Die beiden größeren Söhne waren als Hirten eingeplant. Johannes, damals 8 Jahre, war der großer Hirte; Benjamin, 6 Jahre, hatte die Rolle des kleinen Hirten. Die Proben liefen gut. Es kam der 4. Advent, der Tag an dem unser Stück am Nachmittag im Altenheim aufgeführt werden sollte. Weil meine Frau Migräne hatte, nahm ich kurzerhand auch Michael, unseren damals Dreijährigen, zur Aufführung ins Altenheim mit. Wie aber sollte ich Michael die ganze Zeit über ruhig halten? Meine Frau hatte die rettende Idee: »Er muss seinen Jesus mitnehmen!« Dieser Name für seine Puppe klingt vielleicht etwas blasphemisch, hat aber eine ganz einfache Erklärung.

Jesus, das war Michaels geliebte Puppe, die jeden Abend mit ins Bett musste und die er überallhin mitnahm. Warum sie ausgerechnet Jesus hieß, das hatte einen Grund: Eines Sonntagmorgens kamen seine Brüder Johannes und Benjamin aus dem Kindergottesdienst und erzählten Michael ganz aufgeregt die Geschichte, die sie dort gehört hatten: Wie Jesus zu Zachäus kam, den keiner leiden konnte; wie Jesus ihn freundlich angesprochen hatte und schließlich bei Zachäus zu Gast war. Von dem Tag an hieß Michaels Puppe Jesus.

Vielleicht haben sich damals manche Passanten, die am Pfarrhaus vorbeikamen, gewundert, wenn sie die Familie des Pastors das Auto besteigen sahen: Der Pfarrer und seine Söhne sitzen schon im Wagen, die Pfarrfrau schließt gerade die Haustüre zu und ruft zum Auto hinüber: »Hat Michael auch den Jesus mit?« Doch wer das aufgeschnappt hat, mag sich wohl gedacht haben: »Na ja, bei Pfarrers geht es halt fromm zu!«

Doch zurück zu unserer Feier im Altenheim. Alle Befürchtungen, Michael könnte zappelig werden und stören, erwiesen sich als gegenstandslos. Und das lag an Jesus! Julia, die die Maria spielte, hatte sich nämlich Michaels Jesus genommen und ihn kurzerhand in die Krippe gelegt. Michael setzte sich an die Krippe. Und so saß während des ganzen Spiels ein kleiner Junge – nicht ganz biblisch, aber erfüllt von wahrhaft himmlischer Freude – an der Krippe, die Beine ganz gerade von sich gestreckt, den Rücken aufrecht, denn sonst hätte er gar nicht in die Krippe sehen können, und schaute unverwandt, ja – ich möchte sagen – verklärt auf seinen Jesus in der Krippe.

Von allem, was um ihn herum vorging, merkte er nichts. Er war an diesem Nachmittag sicher das glücklichste Kind der Welt! Sein Jesus lag in der Krippe! Das war für ihn die schönste Weihnachtsfreude schon am 4. Advent!

Den Heiligen Abend konnte Michael dann kaum erwarten – nicht wegen der Geschenke. Nein, weil dann sein Jesus – so wie bei der Aufführung im Altenheim – wieder in der Krippe liegen würde – diesmal sogar in der Kirche, inzwischen sogar weihnachtlich frisch gewaschen. So dachte sich das jedenfalls Michael und so dachten auch seine Eltern.

Endlich war der Nachmittag des Heiligen Abend gekommen, – die Glocken läuteten schon, da zieht Michael stolz mit seiner Mutter und den Brüdern in die Kirche ein – die Jesuspuppe unter dem Arm. Michael will seinen Jesus in die Krippe legen. Aber nun nehmen die Dinge einen dramatischen Verlauf! War der vierte Advent der Tag der schönsten Weihnachtsfreude, so ist dieser Heilige Abend das schlimmste Weihnachtsfest, das Michael erlebt hat und nicht nur er, sondern seine Mutter mit ihm! Da liegt nämlich schon ein Jesuskind in der Krippe. Julias Puppe! Michaels Mutter ahnt das Drama, das jetzt kommen wird. Michael wird gleich lauthals brüllen und nicht zu beruhigen sein. Sie geht schnell zur Maria: »Julia, sei so gut! Lass wieder Michaels Jesus in der Krippe liegen. Er hat sich schon so darauf gefreut!« Aber Julia lehnt kategorisch ab! »Nein! Ich bin die Maria! Heute soll meine Puppe in der Krippe liegen.« Sie ist nicht zu erweichen! Alles Überreden nützt nichts. Die Glocken hören auf zu läuten. Der Gottesdienst beginnt.

Meine Frau nimmt Michael, der erstaunlicherweise kein Gebrüll macht, mit auf ihren Platz in der Kirchenbank. Aber es ist viel schlimmer, als wenn er lauthals gebrüllt hätte. So hat sie Michael noch nie erlebt. Wie ein geknicktes Rohr hängt er schlaff in ihren Armen. Er schluchzt unhörbar in sich hinein, so dass seine Mutter einen tiefen Schrecken bekommt. Leise vor sich hin schluchzend hängt er in ihren Armen – erbarmenswert traurig – bis er schließlich einschläft.

Als der Gottesdienst zu Ende ist, geht meine Frau bekümmert nach Hause – in den Armen den völlig teilnahmslosen Michael. Durch kein gutes Zureden ist er zu trösten. Es bleibt nichts übrig, als ihn zu Hause sofort ins Bett zu legen, wo er leise vor sich hinwimmert.

Ich habe von dem ganzen Drama während des Gottesdienstes nichts mitbekommen. Nach dem Gottesdienst komme ich kurz nach Hause, bevor der nächste Gottesdienst beginnt. Ganz verzweifelt berichtet mir meine Frau von dem Geschehen im Heiligabendgottesdienst.

Ich gehe ins Kinderzimmer und versuche Michael zu trösten. Vergeblich!

Da kommt mir die rettende Idee! Ich rufe meiner Frau zu: »Ich gehe schnell rüber in die Kirche und hole die Krippe zu uns! Im nächsten Gottesdienst wird sie nicht gebraucht.« Und schon bin ich aus der Haustür, hole die Krippe aus der Kirche und komme nach kurzer Zeit zurück. Michael macht ganz große Augen, als auf einmal die Krippe aus der Kirche neben seinem Bett steht. Und als er seinen Jesus hineinlegt, ist die Welt für ihn mit einem Schlag wieder in Ordnung.

Die Krippe aus der Kirche hat dann noch viele Tage – um genau zu sein: während der ganzen Weihnachtszeit – in unserem Kinderzimmer neben Michaels Bett gestanden.

Seit diesem Weihnachtsfest hat bei jedem der vielen Krippenspiele, die wir in unserer Kirche aufgeführt haben, immer eine Puppe in der Krippe gelegen, jedenfalls wenn die Darstellerin der Maria das wollte.

Dieter Witt

1. Adventsgottesdienste

Bereitet dem Herrn den Weg

Vorbemerkungen

Thema: Wie wir uns während der Adventszeit auf das Kommen Jesu vorbereiten können.

Aktion: Fußspuren und Steine auf einen Weg legen.

Zielgruppe: Familiengottesdienst

Material: Tapetenrolle für den Weg, Bleistifte und buntes Kopierpapier DIN A4 für die Fußspuren, Zeitungspapier und Packpapier für die Steine, Scheren, Klebstoff, Tesafilm

Vorbereitung: Durch die Kirche wird mit einer Tapetenrolle ein Weg ausgelegt. Als Hindernisse werden aus Zeitungspapier Steine hergestellt. Das Papier wird leicht zusammengeknüllt und mit braunem Packpapier umwickelt. Das Packpapier wird mit Tesafilm zugeklebt.

Ablauf

Begrüßung

Wir begrüßen Sie alle herzlich zu diesem Familiengottesdienst. Heute ist der erste Advent. Die Zeit der Vorbereitung auf Weihnachten hat begonnen – eine Zeit, in der wir ganz besondere Lieder singen, Lieder zum Advent, z.B.:

Lied: Macht hoch die Tür (EG 1, GL 107, LJ 12, Strophen 1–3)

Eingangswort mit Kerzenritus

Wenn wir Gottesdienst feiern, denken wir an Gott.

> Er hat die Welt und alle Pflanzen, Tiere und Menschen geschaffen.
> Wir zünden die **erste Kerze** an.

Wenn wir Gottesdienst feiern, denken wir an Jesus.

> Er hat vielen Menschen geholfen. Er hat viel Gutes getan.
> Wenn wir Gottesdienst feiern, dann ist er bei uns, auch wenn wir ihn nicht sehen.
> Wir zünden die **zweite Kerze** an.

Wenn wir Gottesdienst feiern, denken wir an Gottes Heiligen Geist.

> Er gibt uns Kraft und macht uns Mut.
> Wir zünden die **dritte Kerze** an.

So feiern wir unseren Gottesdienst im Namen Gottes, des Vaters und des Sohnes und des Heiligen Geistes. Amen.
Unsere Hilfe steht im Namen des Herrn, der Himmel und Erde gemacht hat.
Der Herr sei mit euch!

Eingangsgebet

Heiliger Gott,
mache uns bereit, auf dein Wort zu hören.
Lass es in unsere Herzen dringen.
Hilf uns zu verstehen, was du uns sagen willst.
Amen.

Psalm

(In: Sagt Gott, wie wunderbar er ist. Neue Psalmen für Gottesdienst und Andacht, hg. v. Gottfried Mohr und Andreas Weidle, Verlag Junge Gemeinde, Leinfelden-Echterdingen, 2. Auflage 2006, S. 79)

Kehrvers: *(von allen gesprochen)*

Machet die Tore weit und die Türen in der Welt hoch, dass der König der Ehre einziehe!

Wer ist der König der Ehre?

Der König ist ein Kind, das Kind der Maria, in Betlehem geboren,
von Josef umsorgt.
Das Kind heißt Jesus, von Gott geschickt, wie er es versprochen hat.

Er ist der König der Ehre!

Machet die Tore weit und die Türen in der Welt hoch, dass der König der Ehre einziehe!

Wer ist der König der Ehre?

Gottes Glanz geht auf über dem Kind, Licht geht von ihm aus, Licht für die Welt. Macht euch auf, sucht das Kind, schenkt ihm euer Herz!
In seinen Augen seht ihr, wie lieb Gott euch hat.

Er ist der König der Ehre!

Machet die Tore weit und die Türen in der Welt hoch, dass der König der Ehre einziehe!

Wer ist der König der Ehre?

Gott hat ihn gesandt, das neugeborene Kind: Jesus. »Gott rettet«, ist sein Name.
Jesus, da sind wir. Komm in unsere Herzen.
Du bist der König der Ehre!

Machet die Tore weit und die Türen in der Welt hoch, dass der König der Ehre einziehe!

Lied: Wir sagen euch an den lieben Advent (EG 17, GL 115, LJ 26, Strophe 1)

Hinführung zum Thema des Gottesdienstes

Die Adventszeit ist eine schöne Zeit. Sie ist eine besondere Zeit mit vielen alten Bräuchen. Hier in der Kirche seht ihr zum Beispiel den Adventskranz. Heute brennt die erste Kerze.

Die Adventszeit ist eine Vorbereitungszeit. Wir freuen uns auf die Geburt Jesu. Wir bereiten uns auf die Geburt Jesu vor. Wir haben schon mit den Proben für das Krippenspiel begonnen. Manch einer kauft jetzt schon Geschenke für Weihnachten ein. Das sind äußere Vorbereitungen, die wir machen.

Wichtiger aber sind die inneren Vorbereitungen, die Vorbereitungen in unseren Herzen.

Das ist nicht erst heute so. Die Bibel erzählt uns von einem Mann, der sagte: »Bereitet dem Herrn den Weg! Ihr müsst euch vorbereiten. Macht eure Herzen bereit!« Dieser Mann hieß Johannes. Von ihm erzählt euch unser kurzes Spiel jetzt noch mehr.

Sprechspiel nach Matthäus 3,1–11 (Teil 1)

(Nach Heriburg Laarmann, aus: Bunt und schön ist unser Leben, Herder Verlag, Freiburg 1999, S. 20–21)

1. Sprecher:	Von weit her kamen die Menschen zu Johannes. Er predigte in einer einsamen Gegend an einem Fluss, am Jordan.
Johannes:	Bereitet euch auf das Kommen des Messias vor. Bereitet ihm den Weg! Ändert euch! Tut Gutes! Lasst alles Schlechte! Und wenn es euch wirklich ernst damit ist, dann lasst euch von mir taufen!
2. Sprecher:	Ja, es ist uns ernst. Aber sag uns erst, was wir ändern sollen!
Johannes:	Euch geht es gut. Ihr habt viel Geld. Helft den Armen. Gebt ihnen von eurem Reichtum ab.
3. Sprecher:	Ich bin ein Kaufmann. Was rätst du mir?
Johannes:	Du sollst deine Waren nicht zu teuer verkaufen. Nimm einen gerechten Preis!
4. Sprecher:	Ich bin ein Viehhändler. Was sagst du mir?
Johannes:	Du sollst deine Tiere nicht schlagen. Du sollst sie gut behandeln.
1. Sprecher:	So und ähnlich ermahnte Johannes die Menschen. Er sprach so eindringlich, dass sie einander bald fragten:
2. Sprecher:	Ist Johannes vielleicht der verheißene Messias?
3. Sprecher:	Ist Johannes etwa der Retter, von dem die Propheten gesprochen haben?
1. Sprecher:	Johannes merkte, was sie dachten. Er sagte ihnen:
Johannes:	Ich bin nicht der, auf den ihr wartet. Ich taufe euch nur mit Wasser. Es kommt aber einer, der euch mit dem Heiligen Geist taufen wird. Er ist es, auf den ihr wartet. Bereitet ihm den Weg.
1. Sprecher:	Auf diese Weise kündigte Johannes das Kommen Jesu an.

Hinführung zur Aktion

Bereitet dem Herrn den Weg! So hat Johannes gesagt. Das gilt auch noch heute. Und das wollen wir hier in unserer Kirche deutlich machen. Dazu brauchen wir zunächst von jedem einen Fußabdruck. Ich erkläre euch jetzt, wie das geht. Jeder bekommt gleich ein farbiges Blatt Papier. Tut euch zu zweit zusammen. Jedes Paar bekommt einen Stift. Dann stellt einer seinen Fuß auf das Blatt und der andere umfährt ihn mit dem Stift. Jetzt wechselt ihr und macht es beim anderen genauso. Dann nehmt ihr eine Schere und schneidet die Füße aus. Klebt eure Fußabdrücke auf den Weg, der hier mit einer Tapetenrolle in der Kirche vorbereitet ist.

Aktion

Fußabdrücke machen und auf einer langen Papierbahn aufkleben. Wenn alle Füße aufgeklebt sind, werden die vorbereiteten Steine auf dem Weg ausgelegt.

Hinführung zum 2. Teil des Spiels

Jetzt sehen wir hier einen Weg mit den vielen Fußspuren. Aber ich sehe auch Hindernisse! Da sind noch Steine im Weg. Bereitet dem Herrn den Weg – das heißt doch: Die Steine müssen aus dem Weg geräumt werden. Aber was könnten das für Steine sein?
Der zweite Teil unseres Spieles gibt uns dazu einige Hinweise.

Sprechspiel (Teil 2)

4. Sprecher: Was sind das für Hindernisse, die uns den Weg versperren? Was kann ich heute tun, um dem Herrn den Weg zu bereiten?

Johannes: Du kannst anderen Menschen helfen. Du kannst dir überlegen, wie du anderen Menschen Freude machen kannst. Oder du verzichtest auf etwas, was du sonst gerne tust. Ich weiß: Du isst gerne Süßigkeiten. Du kannst in der Adventszeit einmal auf Süßigkeiten verzichten. Das gesparte Geld kannst du an Weihnachten mit zur Kirche bringen und in die Sammelbüchse von Brot für die Welt (Misereor) tun. So wird die Adventszeit für dich eine Vorbereitungszeit für das Kommen Jesu.
(Stein wegräumen)

3. Sprecher: Und was schlägst du mir vor? Was soll ich tun?

Johannes: Deine Mutter hat jetzt in der Zeit vor Weihnachten viel zu tun. Überleg dir, wie du ihr helfen kannst – vielleicht bei der Hausarbeit – oder auch, indem du dich weniger mit deinen Geschwistern zankst. So wird die Adventszeit für dich eine Zeit der Vorbereitung auf das Kommen Jesu.
(Stein wegräumen)

2. Sprecher: Johannes, was rätst du mir?

Johannes: Du bist groß und kräftig. Es gibt bei dir in der Schule Kinder, die kleiner sind als du. Die ärgerst du manchmal. Lass das von jetzt ab sein! Es ist viel besser, wenn du diese Kinder in Schutz nimmst. Denn du bist ja nicht der Einzige, der die Kleineren ärgert. Aber wenn du sie in Schutz nimmst, dann haben die anderen, keinen Mut mehr, sie herumzustoßen oder zu hänseln. So kann die Adventszeit für dich zu einer Zeit der Vorbereitung auf das Kommen Jesu werden.
(Stein wegräumen)

Lied: Seht, die gute Zeit ist nah (DS 195, EG 18, LJ 28, Strophen 1–2)

Kurzpredigt

Viele Menschen haben sich damals von Johannes taufen lassen. So haben sie sich auf das Kommen Jesu vorbereitet. Der ließ sich eines Tages von Johannes taufen. Und dann begann er, zu predigen und den Menschen von Gott zu erzählen.

Er hat Menschen geholfen, in die Tat umzusetzen, was Johannes gefordert hat. Er hat ihnen Mut gemacht, sich zu ändern. Jesus hat gemerkt: Die Hindernisse, das Gute zu tun, sind oft in den Herzen der Menschen. Jesus hat den Menschen geholfen, sich zu ändern: Denkt nur an den Zöllner Zachäus. Als Jesus zu ihm kam, und ihn nicht verachtete, wie die anderen das taten, da gab Zachäus seinem Herzen einen Ruck. Er gab den Armen zurück, was er ihnen zuviel abgenommen hatte.

Als Jesus gekreuzigt wurde, dachten seine Freunde: Nun ist alles aus und das Böse hat gesiegt. Aber sie erfuhren: Jesus ist auferstanden.

Und als Jesus dann zu seinem Vater in den Himmel zurückging, hat er seinen Freunden gesagt: Tauft die Menschen. Helft ihnen so zu leben, wie ich es euch gezeigt habe. Auch wenn ihr mich nicht mehr seht, so bin ich doch bei euch alle Tage. Das soll euch Mut machen.

Und seitdem taufen wir Menschen, damit sie das Gute tun und das Böse lassen. Jesus will ihnen dazu Mut machen. Er sagt: Ich helfe euch dabei. Ihr müsst nur eure Herzen dazu bereit machen.
Amen.

Lied: Tragt in die Welt nun ein Licht (EG 538)

Wir beten zu Gott,
— für alle, die in der Adventszeit traurig sind, dass sie getröstet werden.
— für alle, die alleine sind, dass sie Besuch bekommen.
— für alle, die sich nicht vertragen, dass sie zueinander finden. Amen.

Vaterunser

Segen

Der Herr sei vor euch,
um euch den richtigen Weg zu zeigen!
Der Herr sei neben euch,
um euch in die Arme zu schließen und zu schützen!
Der Herr sei hinter euch,
um euch vor allem Bösen zu bewahren!
Der Herr sei unter euch wie fester Boden unter euren Füßen!
Der Herr sei in euch, um euch zu trösten, wenn ihr traurig seid!
Der Herr sei über euch, um euch zu segnen!

Gott segne euch und behüte euch.
Er lasse sein Angesicht leuchten über euch und sei euch gnädig.
Gott erhebe sein Angesicht über euch und gebe euch Frieden.
Amen.

Wie der Adventskranz entstand

Vorbemerkungen

Thema: Advent: Pfarrer Wichern »erfindet« den Adventskranz.

Aktion: Die Erzählung über die Entstehung des ersten Adventskranzes wird mit dem Anzünden einer kleinen Kerze vor jedem Kind begleitet.

Zielgruppe: Kinder- oder Schulgottesdienst, Krabbelgottesdienst

Material: 24 Teelichter in Glasschälchen oder kleine Kerzen in Haltern, vier rote Stumpenkerzen, Streichhölzer, Adventskranz (Kreis aus grünem Tonpapier, s. Skizze) mit vier roten Kerzen

Vorbereitung: Kreis zum Sitzen während der Erzählung. Stühle oder Sitzkissen sind aufgebaut. Das Material ist bereitgelegt.
Wer erzählt und wer während der Erzählung die Kerzen entzündet und hinstellt (mindestens zwei Personen!), ist vorher abgesprochen.

Mitgebsel: Kerze und etwas Tannengrün für jedes Kind

Der erste Adventskranz bestand aus einem Wagenrad, das mit Tannengrün belegt war und auf dem für jeden Tag eine Kerze angebracht war (jeweils sechs Kerzen für die Werktage und vier Kerzen für die Sonntage).

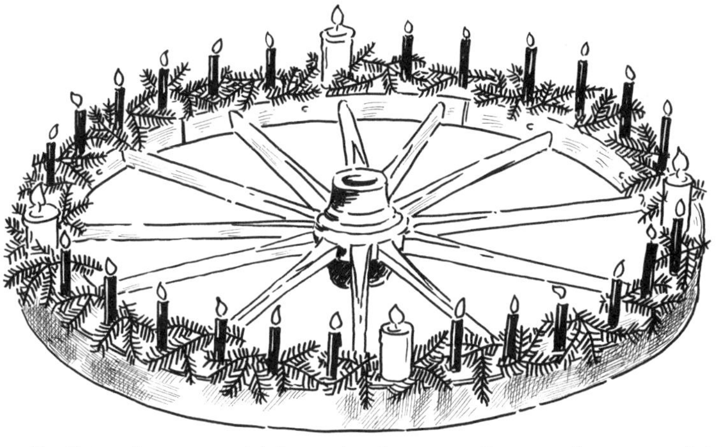

Wir haben die Entstehungsgeschichte mit vier roten Stumpenkerzen und 24 Teelichtern in Glasschälchen erzählt, die wir auf einen grünen Tonpapierkreis gestellt haben.

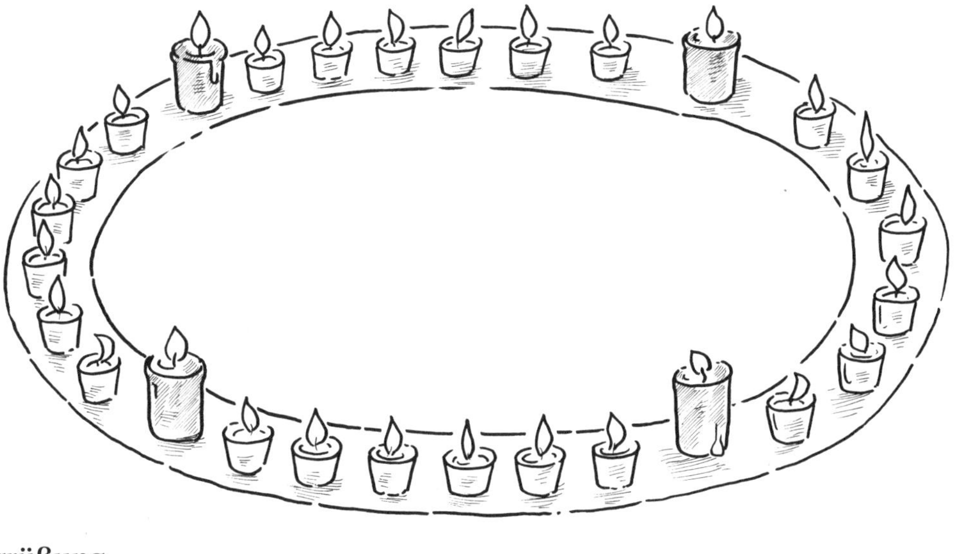

Ablauf

Begrüßung

Lied: Du hast uns, Herr, gerufen (EG 168, GL 505, LJ 112)

Eingangswort

Wir sind hier zusammen im Namen Gottes. Er ist bei uns.
Wir denken jetzt auch an Jesus. Er hat vielen Menschen geholfen. Er hat sie getröstet. Er hat von Gottes Liebe gesprochen. Er hat Kranke geheilt.
Wir denken an Gottes Heiligen Geist. Er gibt uns Kraft und Mut.
Wir feiern unseren Gottesdienst im Namen Gottes, des Vaters und des Sohnes und des Heiligen Geistes. Unsere Hilfe steht im Namen des Herrn, der Himmel und Erde gemacht hat.
Der Herr sei mit euch!

Psalm

Kehrvers: *(von allen gemeinsam gesprochen)*

Brennt im Dunkeln ein Licht, dann fürchte ich mich nicht.

Wenn am Adventskranz die erste Kerze brennt, dann wissen wir: Nun ist Advent.

Brennt im Dunkeln ein Licht, dann fürchte ich mich nicht.

Wir freuen uns: Bald wird Jesus geboren. Weihnachten ist nicht mehr fern.

Brennt im Dunkeln ein Licht, dann fürchte ich mich nicht.

Gott lässt uns nicht allein. Er schickt zu uns seinen Sohn.

Brennt im Dunkeln ein Licht, dann fürchte ich mich nicht.

Lied: Wir sagen euch an den lieben Advent (EG 17, GL 115, LJ 26)

Erzählung

(Die Kinder sitzen im Kreis. Während der Erzählung werden die Kerzen, von denen die Rede ist, nach und nach auf den Boden vor die Kinder hingestellt und angezündet.)

Es war vor vielen Jahren in einer großen Stadt, in Hamburg. Es war die Zeit vor dem Weihnachtsfest. Es war die Adventszeit.
Da lebten in einem großen Haus viele Kinder. Sie hatten keine Eltern mehr. Es waren Waisenkinder. Ein Pfarrer sorgte für sie: Pfarrer Wichern. Er nahm sie in sein Haus auf. Er gab ihnen zu essen. Er gab ihnen zu trinken. Er gab jedem ein Bett. Sie mussten nicht mehr draußen in der Kälte schlafen. Sie brauchten nicht mehr zu betteln.
Die älteren Kinder sagten den neu angekommenen Kindern: »Freut euch auf die Adventszeit. Da erzählt Pfarrer Wichern uns abends immer Geschichten von Jesus. Wir sitzen im Kreis zusammen. Es ist dunkel. Nur vor Pfarrer Wichern steht eine Kerze.«
Peter konnte die Adventszeit kaum erwarten. Er wollte die Geschichten so gerne hören. Endlich war es soweit. Die Adventszeit kam. Die Kinder saßen mit Pfarrer Wichern im Kreis. Er hatte eine Kerze in der Hand. Er stellte die Kerze vor sich hin und begann zu erzählen. Peter hörte ganz gespannt zu. Und als der Abend zu Ende ging, freute er sich schon auf den nächsten Abend.
Am nächsten Abend kam Pfarrer Wichern wieder. Auch jetzt stellte er eine Kerze vor sich hin.

(Eine rote Stumpenkerze wird vor den/die Erzähler/in gestellt und entzündet.)

Er wollte gerade seine Geschichte beginnen. Da bettelte Peter: »Ich will auch eine Kerze haben.« Pfarrer Wichern überlegte: »Gut, du sollst auch eine Kerze haben!« Schnell wurde noch eine Kerze geholt. Dann wurde sie angezündet.

(Ein Teelicht oder eine kleine Kerze wird vor das nächste Kind hingestellt und entzündet.)

Im Schein der Kerzen erzählte Pfarrer Wichern wieder eine Geschichte von Jesus. Am nächsten Abend aber bettelte ein anderer Junge: »Ich will auch eine Kerze haben, so wie Peter!«
Da sagte Pfarrer Wichern: »Ja, auch du sollst eine Kerze bekommen.« Und das Kind neben ihm bettelte auch um eine Kerze und das daneben auch.

(Vor drei weitere Kinder wird je ein Teelicht oder eine kleine Kerze gestellt und entzündet.)

»Da bettelten alle Kinder. Wir wollen auch Kerzen haben!«
»Ja«, sagte Pfarrer Wichern, »Jeder soll eine Kerze bekommen. Aber nicht alle auf einmal. Jeden Abend soll eine Kerze neu dazu kommen.«
Und so geschah es. Jeden Abend wurde eine Kerze dazugestellt – an den Sonntagen sogar jeweils eine große rote Kerze.

(Vor weitere Kinder wird nun jeweils eine Kerze hingestellt und entzündet. Bitte beachten! Nach jeweils sechs kleinen Kerzen ist die siebte Kerze eine rote Stumpenkerze! Sind mehr Kinder da, als Kerzen auf den Adventskranz gehören, dann werden die Kerzen nicht vor die Kinder gestellt, sondern in der Mitte des Stuhlkreises aufgestellt.)

Schließlich stand vor jedem Kind eine angezündete Kerze. Da wussten sie: Je mehr Kerzen brennen, desto näher ist Weihnachten.

Die Nachbarn schauten durchs Fenster. Sie fanden das schön: all die vielen brennenden Kerzen. Sie wollten auch so etwas haben. Aber sie waren arm. Für so viele Kerzen hatten sie kein Geld. Doch sie wussten Rat. Sie hatten die Idee: »Wir nehmen nicht für jeden Tag im Advent eine Kerze, sondern nur für jeden Sonntag. Dann brauchen wir nur vier Kerzen. Die stellen wir auf einen Kranz aus Tannengrün. Und jeden Sonntag zünden wir eine Kerze an - jeden Sonntag eine mehr.«

(Ein Adventskranz wird gezeigt und in die Mitte gestellt. Die Kerzen werden angezündet.)

So ist damals der Adventskranz entstanden. Heute gibt es ihn in vielen Familien.

Lied: Wir sagen euch an den lieben Advent (EG 17, GL 115, LJ 26)

Gebet

Lieber Gott!
Lass uns am Adventkranz still werden und an dich denken.
Hilf uns dankbar zu sein, dass Jesus zu uns kommt.
Amen.

Vaterunser

Segen

(Alle stehen dabei im Kreis und fassen sich bei den Händen. Der Abschiedshändedruck wird abschließend herum gegeben wie bei »Stille Post«.)

Gott sei vor dir, um dir den richtigen Weg zu zeigen.
Gott sei hinter dir, um dir den Rücken zu stärken.
Gott sei unter dir, um dich aufzufangen.
Gott sei in dir, um dich zu trösten.
Gott sei über dir, um dich zu segnen.

(In: Das Kirche mit Kindern Liederbuch, Rhein. Verband für Kindergottesdienst, Wuppertal, S. 188)

Der Friede Gottes bewahre eure Herzen und Sinne in Jesus Christus, unserem Herrn.
Es segne und behüte euch, Gott, der Allmächtige, der Vater, der Sohn und der Heilige Geist. Amen.

Maria wird ein Kind bekommen

Vorbemerkungen

Thema: Ankündigung der Geburt (Lukas 1,26-38 in Auswahl)

Aktion: Gespräch mit den Kindern: Ein neues Kind wird geboren.

Zielgruppe: Kinder- oder Schulgottesdienst, Krabbelgottesdienst

Material: kleine Kerzen, Knetwachs oder Wachsplatten

Vorbereitung: Erzählteppich – Die Kinder sitzen dort im Kreis während des Anspiels und des gemeinsamen Gesprächs.

Mitgebsel: eine kleine selbst verzierte Kerze
(Eine Stumpenkerze, 12 cm lang mit ca. 5 cm Durchmesser, incl. Verzierwachsplättchen und Vorlagenblatt kann beim Verlag Der Jugendfreund erworben werden: www.jugendfreund.de.)

Ablauf

Orgelvorspiel

Begrüßung

Ich freue mich, dass ihr zu unserem Gottesdienst gekommen seid. Morgen ist der erste Advent. Die erste Kerze am Adventskranz wird angezündet. Alle warten auf Weihnachten. Denn dann feiern wir, dass Jesus geboren wurde. Doch wie war das eigentlich, als Maria erfuhr »Du wirst ein Kind bekommen?« Davon soll heute die Rede sein.
Doch nun singen wir erst einmal unser Eingangslied:

Lied: Der Gottesdienst soll fröhlich sein ... (EG 169, LJ 114)

Eingangsspruch

Im Namen des Vaters und des Sohnes und des Heiligen Geistes. Amen.
Unsere Hilfe kommt von Gott, unserem Herrn, der Himmel und Erde gemacht hat.

Eingangsgebet

Guter Gott,
morgen ist der erste Advent.
Wir freuen uns schon sehr darauf.
Im ganzen Haus brennen viele Kerzen.
Es sieht gemütlich aus und riecht gut.
Das ganze Haus wird geschmückt.
Heute sind wir hier,
um von dir eine Geschichte zu hören.
Sei du bei uns und segne unseren Gottesdienst.
Amen.

Lied: Das Licht einer Kerze ... (DS 187, LJ 316)

Lesung (nach Lukas 1,26–38)

Ein Bote Gottes kam zu Maria. Er begrüßte sie: »Gegrüßt seist du, Maria. Gott hat dich besonders lieb. Du sollst einen Sohn zur Welt bringen. Das wird der Sohn Gottes sein. Er soll den Namen Jesus bekommen!«
Maria freute sich sehr. Sie sagte: »Wenn Gott es will, so will ich es auch.«

Anspiel: Gespräch zwischen Maria und Josef

Maria: Du, Josef, ich muss dir was sagen.

Josef: Was ist denn, Maria. Du siehst ja ganz blass aus. Ist dir nicht gut?

Maria: Nein, oder doch, ja. Ach, ich weiß nicht.

Josef: Maria, du weißt doch: Du kannst mir alles sagen. Ich hab dich lieb.

Maria: Ja, das weiß ich, Josef. Aber gerade heute fällt es mir besonders schwer.
Glaubst du an Engel?

Josef: Natürlich. Gott hat schon oft einen Boten zu Menschen geschickt. Allerdings ist das schon sehr lange her. Aber warum sollte Gott nicht auch noch heute seine Boten zu Menschen senden. Warum fragst du? Hast du einen Engel gesehen?

Maria: Ja! Heute Morgen habe ich mit einem Engel gesprochen. Als ich ihn sah, wusste ich sofort: Das kann nur ein Engel sein. Er sah so hell aus und es leuchtete um ihn herum.

Josef: Ja, so soll es sein, wenn Engel erscheinen. So steht es in den alten Schriften. Und was hat er denn gesagt?

Maria: Stell dir vor, Josef. Er hat gesagt: »Maria, du wirst ein Kind bekommen. Dieses Kind wird Gottes Sohn sein.« Ich war völlig verwirrt.

Josef: Das glaube ich dir. Du wirst ein Kind bekommen, Gottes Sohn. Das ist nur schwer zu verstehen.

Maria: Ich habe es bis jetzt nicht verstanden. Aber irgendwie freue ich mich auch darüber. Doch ich habe Angst gehabt, dir davon zu erzählen. Ich dachte, du glaubst mir vielleicht nicht. Oder du denkst, ich hätte dich nicht mehr lieb. Und du würdest mich verlassen.

Josef: Das kann ich verstehen. Und wenn ich dich nicht so genau kennen würde, dann würde ich dir vielleicht nicht glauben. Weißt du was: Wir werden bald heiraten. Und wenn das Kind geboren ist, dann helfe ich dir.

Maria: Ach Josef, ich freue mich so – über dich und auf das Baby. Nun habe ich keine Angst mehr.

Gespräch mit den Kindern

Grundgedanken: Freude auf das Kind, langes Warten, einander dabei helfen ...

Lied: Wir sagen euch an, den lieben Advent (EG 17, GL 115, LJ 26 – 1. Strophe)
(Während des Liedes wird mit den Kindern die 1. Kerze des Adventskranzes entzündet.)

Gebet

Guter Gott,
wie Maria haben auch wir manchmal Angst:
dass uns niemand mehr lieb hat,
dass uns keiner mehr glaubt und vertraut.
Es ist gut, wenn dann jemand da ist, der zu uns sagt:
Fürchte dich nicht, ich bin bei dir, ich helfe dir.
Gut, dass wir hören, dass du zu uns sagst:
Fürchte dich nicht, ich bin bei dir, ich helfe dir.
Amen.

Vaterunser

Segen

Wir bilden alle miteinander einen großen Kreis und fassen uns an die Hände. Wir machen die Augen zu und fühlen einmal die rechte Hand. Vielleicht ist es eine große Hand oder eine kleine. Sie ist warm und weich. Wir spüren: Wir stehen hier nicht allein. Andere sind bei uns. So mögen wir spüren, dass Gott bei uns ist und uns auf unseren Wegen begleitet.
Amen.

(Anschließend gemeinsames Singen mit allen. Währenddessen können die Kinder aus Wachsplättchen kleine Kerzen mit adventlichen Motiven verzieren.)

Birgit Schniewind

Tragt in die Welt nun ein Licht

Vorbemerkungen

Thema: Liedeinführung zum Advent

Aktion: Lichter anzünden bei dem Lied: »Tragt in die Welt nun ein Licht« und Bilder zeigen (siehe Seiten 20, 21 und 22)

Zielgruppe: Adventsimpuls mit Kindern, Schulgottesdienst

Material: Schön gestaltete Mitte mit Tüchern und drei Kerzen für den Eingangsritus, Adventskranz, Bilder zu den Liedversen, Teelichter in Glasschälchen oder Kerzen, Streichhölzer

Vorbereitung: Lied lernen und Bilder zu den Liedversen suchen

Mitgebsel: Kerze für jedes Kind

Ablauf

Begrüßung

Wir begrüßen euch alle herzlich zu unserem Gottesdienst. In der Mitte seht ihr den Adventskranz mit den vier Kerzen: An jedem Sonntag im Advent wird eine Kerze mehr angezündet. Wie viele Kerzen zünden wir jetzt an, was meint ihr?

(Die Kinder antworten und dann werden die Kerze/n angezündet.)

Für die Zeit vor Weihnachten, die Adventszeit, gibt es viele schöne Lieder. Eines davon wollen wir jetzt singen.

Lied: Wir sagen euch an den lieben Advent (EG 17, GL 115, LJ 26)

Eingangswort mit Kerzenritus

Wenn wir Gottesdienst feiern, denken wir an Gott.

Er hat die Welt und alle Pflanzen, Tiere und Menschen geschaffen.
Wir zünden die **erste Kerze** an.

Wenn wir Gottesdienst feiern, denken wir an Jesus.

Er hat vielen Menschen geholfen. Er hat viel Gutes getan.
Wenn wir Gottesdienst feiern, dann ist er bei uns, auch wenn wir ihn nicht sehen.
Wir zünden die **zweite Kerze** an.

Wenn wir Gottesdienst feiern, denken wir an Gottes Heiligen Geist.

Er gibt uns Kraft und macht uns Mut.
Wir zünden die **dritte Kerze** an.

So feiern wir unseren Gottesdienst im Namen Gottes, des Vaters und des Sohnes und des Heiligen Geistes. Amen.
Unsere Hilfe steht im Namen des Herrn, der Himmel und Erde gemacht hat.
Der Herr sei mit euch!

Psalm

(Frei nach: Sagt Gott, wie wunderbar er ist. Neue Psalmen für Gottesdienst und Andacht, hg. von Gottfried Mohr und Andreas Weidle, Verlag Junge Gemeinde, Leinfelden-Echterdingen, 2. Aufl. 2006, S. 78)

Kehrvers: *(von allen gesprochen)*

Gott, wir brauchen dich auf der dunklen Erde,
dass die Welt von deinem Licht immer heller werde!

Wir feiern Advent.
Gott will zu uns kommen.

Gott, wir brauchen dich auf der dunklen Erde,
dass die Welt von deinem Licht immer heller werde!

Bald wird Jesus geboren.
Wir freuen uns darauf.

Gott, wir brauchen dich auf der dunklen Erde,
dass die Welt von deinem Licht immer heller werde!

Ehr sei dem Vater ... (EG 177.1)

Eingangsgebet

Lieber Gott!
Wir feiern Advent. Du lässt Jesus in die Welt kommen.
Er hat vielen Menschen Gutes getan. Er hat ihr Leben hell gemacht.
Dafür danken wir dir. Amen.

Gespräch mit den Kindern

Wir freuen uns auf Weihnachten. Wir warten auf die Geburt Jesu.
Jesus hat Traurige froh gemacht. Er hat kranken Menschen Mut gemacht. Er hat sie geheilt. Er hat uns gezeigt, wie sehr Gott die Menschen liebt.
Weil Jesus uns das gezeigt hat, denken wir jetzt an Menschen, denen es nicht so gut geht wie uns. Wir denken an die Menschen in Not.

Wir denken an die Traurigen.
(Bild 1 zeigen und in die Mitte legen.)

Impulsfragen zum Gespräch:
— Bist du schon einmal traurig gewesen?
— Was macht Menschen traurig?
— Wie wird man dann wieder froh?

Wir denken an die Kranken.
(Bild 2 zeigen und in die Mitte legen.)

Impulsfragen zum Gespräch:
— Bist du schon einmal krank gewesen? Wie war das für dich?
— Kennst du sonst noch jemanden, der krank ist?
— Hast du schon einmal eine/n Kranke/n besucht? Hat sie/er sich über den Besuch gefreut?

Wir denken an die Alten.
(Bild 3 zeigen und in die Mitte legen – siehe Seite 22.)

Impulsfragen zum Gespräch:
— Kennst du jemanden, der alt ist?
— Wie kannst du ihr/ihm eine Freude machen?

Liedeinführung: Tragt in die Welt nun ein Licht (DS 140; EG RT; LJ 327)
Ihr kennt Menschen in Not. Ihr habt gerade davon erzählt. Ihnen kommt die Welt dann traurig und dunkel vor.
Aber ihr habt auch gesagt: Menschen in Not freuen sich über Hilfe. Das ist dann wie ein Licht im Dunkeln. Ein Licht im Dunkeln hilft. Ein Licht im Dunkeln macht Mut.
Es vertreibt die Angst. Davon handelt jetzt mein Lied. Ich singe euch die erste Strophe einmal vor:

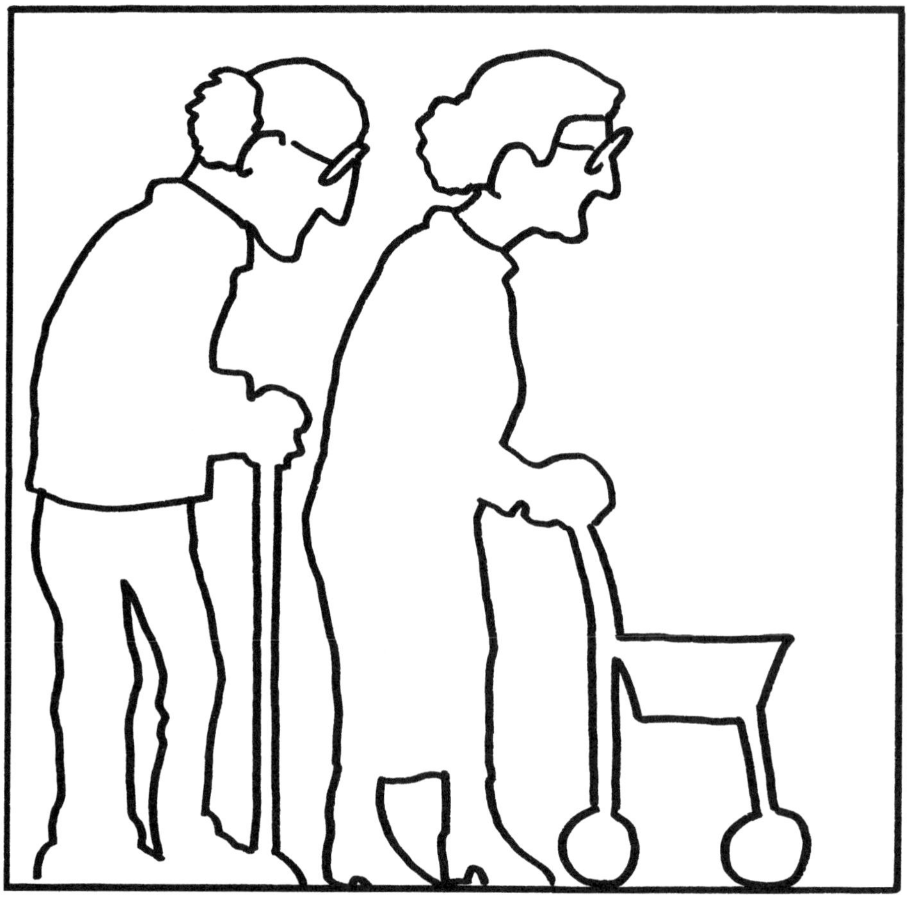

Tragt in die Welt nun ein Licht,
sagt allen: Fürchtet euch nicht!
Gott hat euch lieb, Groß und Klein!
Seht auf des Lichtes Schein!

Wir können es jetzt gemeinsam singen!
(Der erste Vers wird abschnittweise gemeinsam gesungen, dann einmal der ganze erste Vers.)

Weiterführung

Menschen in Not freuen sich über Hilfe. Das ist wie ein Licht im Dunkeln. Ein Licht im Dunkeln macht Mut. Deshalb heißt es in unserem Lied: Tragt in die Welt nun ein Licht. Wir singen den ersten Vers noch einmal. Dabei zünden wir ein Teelicht an und stellen es auf unser Tuch in der Mitte. Ein Erwachsener hilft einem Kind dabei! Wer traut sich?

(Ein Erwachsener und ein Kind übernehmen das Anzünden.)

Wir zünden ein Licht an, weil Jesus gesagt hat: »Ich bin das Licht der Welt. Wer mir vertraut, wird nicht im Finstern leben.« Wir singen jetzt die nächste Strophe. Das geht ganz einfach. Da ist nur ein einziges Wort anders: Tragt zu den Traurigen ein Licht! Auch jetzt zünden wir wieder ein Teelicht an. Das stellen wir dann zu dem Bild. Wieder hilft ein Erwachsener einem Kind beim Anzünden des Lichtes. Wer macht es jetzt?

(Während der Strophe wird das entsprechende Bild zur Mitte gelegt und das angezündete Teelicht zum Bild gestellt.)

Bei den nächsten beiden Strophen wird ebenso verfahren:

— Tragt zu den Kranken ein Licht …
  (Ein Teelicht anzünden und zum entsprechenden Bild stellen.)

— Tragt zu den Alten ein Licht …
  (Ein Teelicht anzünden und zum entsprechenden Bild stellen.)

Fürbitten

Wir bitten Gott für alle Kinder, die arm sind.
— für alle Menschen, die nicht genug zu essen haben.
— für alle Menschen, die sich einsam und allein fühlen.
Wir bitten dich: Mache ihr Leben hell.
Lass sie Hilfe finden. Amen.

Vaterunser

Segen

(Alle stehen dabei im Kreis und fassen sich bei den Händen. Der Abschiedshändedruck wird herum gegeben wie bei »Stille Post«.)

Der Segen Gottes, des Vaters und des Sohnes und des Heiligen Geistes
sei bei euch und bleibe bei euch, jetzt und allezeit.
Es segne und behüte euch Gott, der Allmächtige und Barmherzige, der Vater,
der Sohn und der Heilige Geist. Amen.

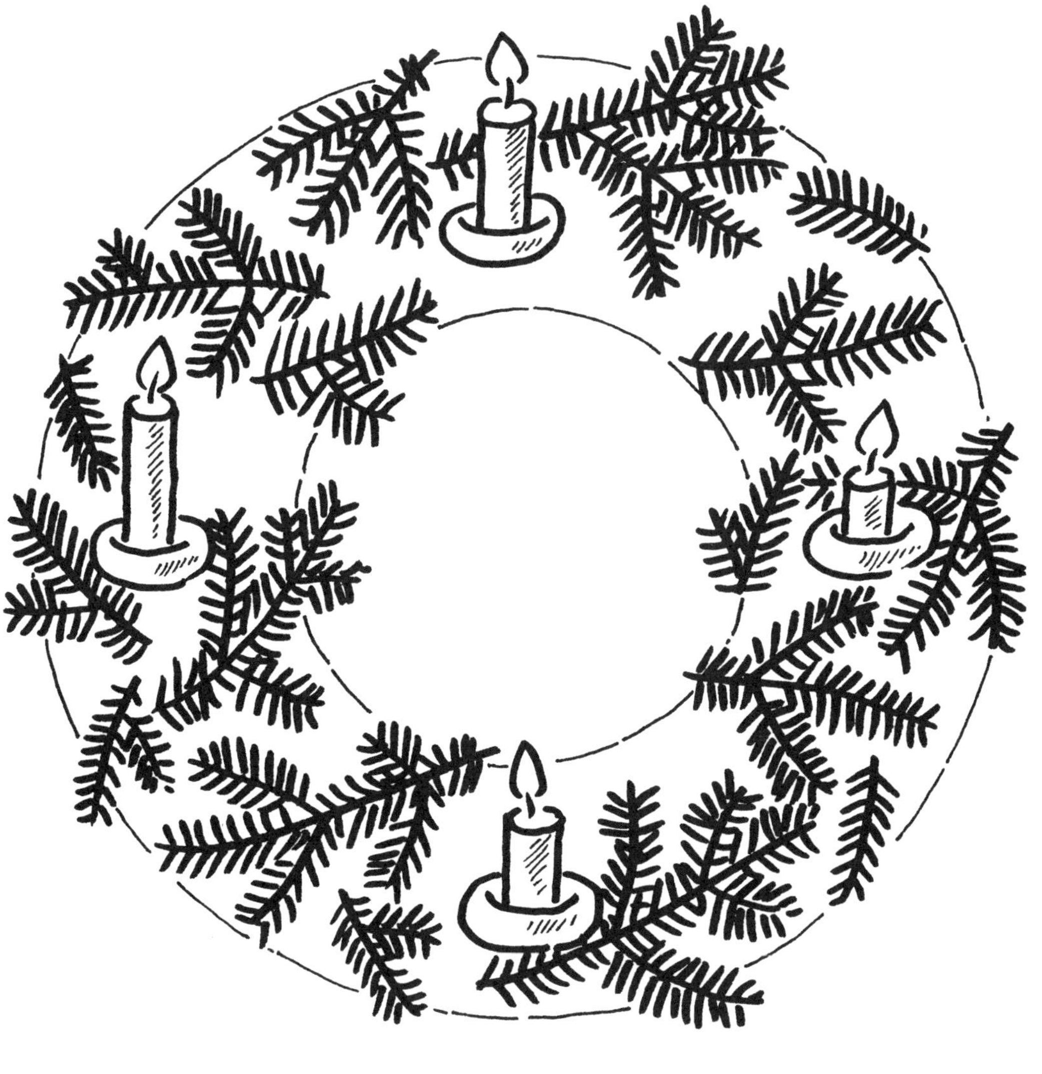

Abb. zum Beitrag »Wir feiern Advent«, Seite 24ff. ▷

Wir feiern Advent

Vorbemerkungen

Thema: Advent, Adventskranz

Zielgruppe: Aktion für Kinder im Gemeindegottesdienst am 1. Advent, Kindergottesdienst

Aktion: Auf einen kreisförmigen Ring aus Plakatkarton wird Tannengrün gelegt, sodass ein flacher, großer Adventskranz entsteht (siehe Abb. S. 23).
Als Unterlage dient eine große Pappe, wenn der Adventskranz am Ende des Gottesdienstes vor den Altar gelegt werden soll.
Alternative: großer Strohkranz zum Aufstecken der Zweige. Da das für Kinder relativ schwierig ist, muss es von ihrem Alter abhängig gemacht werden, welche Form gewählt wird.
Auf den Adventskranz werden Adventskerzen gestellt, die im Verlauf des Gottesdienstes angezündet werden.

Material: Großer Kreis aus grünem Plakatkarton (Durchmesser ca. 1 m), dessen Mitte herausgeschnitten ist, so dass ein Kranz von ca. 25 cm Breite übrig bleibt. Tannengrün in Körben, das von den Kindern auf den Plakatkartonkranz gelegt wird. Wird der Adventskranz transportiert, um vor den Altar gelegt zu werden, fixiert ein Erwachsener zuvor das Tannengrün und die Kerzen mit ein wenig Klebstoff auf dem Kranz.
Drei Kerzen für den Kerzenritus, vier große Adventskerzen und Streichhölzer.

Mitgebsel: Tannenzweig mit aufgesteckter Kerze

Ablauf

Glockenläuten

Begrüßung

Die Glocken haben geläutet. Sie haben uns zum Gottesdienst eingeladen. Jetzt sind wir hier. Wir singen und beten. Wir hören von Jesus und von Gott. Wir bitten um Gottes Heiligen Geist.

Eingangswort mit Kerzenritus:

Wenn wir Gottesdienst feiern, denken wir an Gott.

Er hat die Welt und alle Pflanzen, Tiere und Menschen geschaffen.
Wir zünden die **erste Kerze** an.

Wenn wir Gottesdienst feiern, denken wir an Jesus.

Er hat vielen Menschen geholfen. Er hat viel Gutes getan. Wenn wir Gottesdienst feiern, dann ist er bei uns, auch wenn wir ihn nicht sehen.
Wir zünden die **zweite Kerze** an.

Wenn wir Gottesdienst feiern, denken wir an Gottes Heiligen Geist.

Er gibt uns Kraft und macht uns Mut.
Wir zünden die **dritte Kerze** an.

So feiern wir unseren Gottesdienst im Namen Gottes, des Vaters und des Sohnes und des Heiligen Geistes. Amen.
Unsere Hilfe steht im Namen des Herrn, der Himmel und Erde gemacht hat.

Lied: Du hast uns, Herr, gerufen (EG 168, GL 505, LJ 112)

Psalm

(Frei nach: Sagt Gott, wie wunderbar er ist. Neue Psalmen für Gottesdienst und Andacht, Hg. v. Gottfried Mohr und Andreas Weidle, Verlag Junge Gemeinde, Leinfelden-Echterdingen, 2. Aufl. 2006, S.78)

Kehrvers: *(von allen gesprochen)*

Gott, wir brauchen dich auf der dunklen Erde,
dass die Welt von deinem Licht immer heller werde!

Wir feiern Advent.
Gott will zu uns kommen.

Gott, wir brauchen dich auf der dunklen Erde,
dass die Welt von deinem Licht immer heller werde!

Bald wird Jesus geboren.
Wir freuen uns darauf.

Gott, wir brauchen dich auf der dunklen Erde,
dass die Welt von deinem Licht immer heller werde!

Ehr sei dem Vater ... (EG 177.1)

Lied: Wir sagen euch an den lieben Advent (EG 17, GL 115, LJ 26 – 1. Strophe)

Eingangsgebet

Seht! Die gute Zeit ist nah. Gott kommt auf die Erde.
Bald wird Jesus geboren. Das macht uns froh.
Amen.

Erzählung

Es ist jetzt eine besondere Zeit – die Adventszeit. Da ist manches anders als sonst: ...

(Gespräch mit den Kindern)

Es gibt auch besonderen Schmuck in dieser besonderen Zeit: den Adventskranz. Den gibt es jetzt in vielen Familien.
Wir wollen uns jetzt auch einen Adventskranz für die Kirche machen.

Aktion

Tannengrün wird von den Kindern auf den vorbereiteten Plakatkartonkranz gelegt.
Alternativ: Das Tannengrün wird flach auf den Strohkranz aufgesteckt und mit Draht so umwunden, dass ein Adventskranz entsteht.
Vier Adventskerzen werden auf den Kranz gestellt.

Fortsetzung der Erzählung

Nicht jeder Adventskranz sieht so aus wie unserer hier. Aber alle Adventskränze haben Kerzen: vier Kerzen. Die Adventszeit hat vier Sonntage. Für jeden Sonntag im Advent gibt es also eine Kerze am Adventskranz. Am ersten Sonntag im Advent wird die erste Kerze angezündet.

(Die erste Kerze wird angezündet.)

Dann muss eine weitere Woche vergehen. Dann erst wird die zweite Kerze angezündet. Dann muss wieder eine Woche vorbei sein, bevor die dritte Kerze angezündet wird.

Und erst in der letzten Woche wird die vierte Kerze angezündet.
Dann aber dauert es nicht mehr lange. Dann ist es soweit. Dann feiern wir die Geburt Jesu; dann ist Weihnachten.
An den Kerzen des Adventskranzes können wir ablesen, wie lange wir noch warten müssen.

Aktion

Der Adventskranz wird auf oder vor den Altar gelegt.

Lied: Wir sagen euch an den lieben Advent (EG 17, GL 115, LJ 26 – 1.–4. Strophe)

Fürbitten

Lieber Gott!
Die Adventzeit ist schön. Überall sehen wir Lichter und Sterne.
In vielen Familien werden Kekse und Stollen gebacken.
Und das alles, weil Jesus geboren wird.
Wir bitten dich:
Lass uns bei all den vielen Vorbereitungen nicht vergessen:
Auch unsere Herzen sollen offen sein für das Kommen Jesu.
So bitten wir dich:
Mache unsere Herzen bereit für das Kommen Jesu.
Hilf uns, an Menschen in Not zu denken.
Hilf uns, zu denen zu gehen, die abseitsstehen.
Amen.

Vaterunser

Segen

(Alle stehen dazu im Kreis um den Altar und fassen sich an den Händen.)

Gott behüte und beschütze dich.
Er segne dich und begleite dich auf all deinen Wegen.
Er sei bei dir jetzt und allezeit. Der Friede Gottes sei mit dir.
Es segne und behüte dich Gott, der Allmächtige und Barmherzige, der Vater, der Sohn und der Heilige Geist. Amen.

(Der Abschiedshändedruck wird herum gegeben wie bei »Stille Post«.)

Das Weihnachtsgebäck und seine Bedeutung

Vorbemerkungen

Dieser Gottesdienst wurde mit Kindern und Jugendlichen entworfen und mit ihrer Beteiligung im Gemeindegottesdienst an einem Adventssonntag gefeiert.

Thema: Das Weihnachtsgebäck hat eine tiefere Bedeutung.

Aktion: Die Kinder legen grüne Tannenzweige in den »großen Adventskranz« (siehe Abb. S. 23), der vor den Altarstufen ausgelegt ist, und zünden die Kerzen an. Die Gottesdienstbesucher schreiben ihre Gebetsanliegen auf Zettel.
(Stifte und Zettel werden zu Beginn verteilt.)

Zielgruppe: Familiengottesdienst

Material: Tannengrün, Glasschälchen mit Teelichtern, Kerzen, Zettel für Gebetsanliegen und Stifte, je sechs Schälchen mit Gebäck (Zimtsterne, Marzipan, Lebkuchen, Nüsse teilweise geknackt)

Vorbereitung:
In der Mitte der Kirche liegt auf dem Boden ein »großer Adventskranz« aus Tannengrün, das in Kreisform ausgelegt ist. Zwischen den vier größeren Kerzen stehen Glasschälchen mit Teelichtern.
In der Mitte des Adventskranzes ist Gebäck (Zimtsterne, Marzipan, Lebkuchen sowie Walnüsse mit und ohne Schale) in 6x4 Schälchen verteilt, die später durch die Bankreihen gegeben werden.
Daneben steht eine Magnettafel mit grünem Untergrund aus Tonpapier. Darauf sind vier Darstellungen passend zur Bedeutung des jeweiligen Gebäcks in der Mitte des Adventskranzes zu sehen (Weihnachtsstern, drei Könige, Abendmahl, Bibel). Sie sind zunächst überdeckt von Weihnachtswerbung aus Zeitschriften (abnehmbar).

Ablauf

(Beim Hereinkommen erhalten die Kinder grüne Tannenzweige. Sie legen die Zweige auf den großen Adventskranz, den sie damit vervollständigen. Die Jugendlichen und Erwachsenen erhalten beim Hereinkommen Zettel und Stift. Sie werden gebeten ihre Gebetsanliegen aufzuschreiben, die später Eingang in das Fürbittengebet finden sollen.)

Vorspiel
(Dabei werden die Zettel mit den Gebetsanliegen eingesammelt.)

Lied: Wir sagen euch an den lieben Advent (EG 17, GL 115, LJ 26)
(Kinder zünden von vier Seiten die ausgelegten Teelichter an.)

Adventswörter
Folgende zum Advent passende Wörter werden mit Pausen vorgelesen:
Worte, die zum Advent gehören:

— Adventswörter
— Adventskranz
— Adventskalender
— Türchen öffnen
— Nüsse
— Kerzen
— Lichterglanz
— Düfte
— Tannenzweige
— Tannenzapfen
— Engelfiguren
— Weihnachtsmarkt
— Lichterketten im Fenster
— Plätzchen backen
— Krippenspiel
— Lieder singen
— Geschenke basteln
— Vorfreude
— Schnee

Lied: Wie soll ich dich empfangen (EG 11, LJ 20)

Eingangswort

Im Namen des Vaters und des Sohnes und des Heiligen Geistes. Amen.
Unsere Hilfe steht im Namen des Herrn, der Himmel und Erde gemacht hat.
Mache dich auf und werde Licht, denn dein Licht kommt. (Jes.60,1)

Sündenbekenntnis

Herr, was haben wir aus dem Advent gemacht?
Überall ertönen Weihnachtslieder. Alles ist hektisch und laut.
Lichter blinken in allen erdenklichen Farben.
Engelfiguren schauen uns als Seifenstücke vom Waschbecken entgegen.

Herr, erbarme dich. (EG 178.11)

Herr, was haben wir aus dem Advent gemacht?
Vor lauter Bemühungen ein schönes Weihnachtsfest zu gestalten,
übersehen wir nur allzu oft die eigentliche Bedeutung des Advents.

Herr, erbarme dich. EG 178.11)

Herr, was haben wir aus dem Advent gemacht?
Sei du bei uns in diesem Gottesdienst. Lass uns Ruhe finden.
Lass uns auf dein Wort hören und lass uns über die eigentliche Bedeutung des Advents nachdenken. Amen.

Lied: Tochter Zion, freue dich (EG 13, LJ 22)

Eingangsgebet

Gott,
du kommst zu uns. Aber wir sind nicht gut vorbereitet, dir zu begegnen.
Wir bitten dich: Lass uns offen sein für das, was du uns sagen willst.
Hilf uns, deine Worte in unseren Herzen zu bewegen wie einst Maria. Amen.

Lesung

Schmeckaktion: Weihnachtsgebäck und seine Bedeutung
(Die Schalen mit den weihnachtlichen Leckereien werden durch die Reihen gegeben. Die folgenden Texte zum jeweiligen Weihnachtsgebäck werden dazu gelesen.)

Die Zeit vor Weihnachten hat eine besondere Atmosphäre. Besondere Bräuche prägen sie. Dazu gehört auch besonderes Gebäck. Und dieses Gebäck hat oft eine tiefere Bedeutung. Davon wollen wir nun erzählen. Aber nicht nur das. Wir wollen euch zunächst schmecken lassen, wovon wir sprechen. Wir reichen erst einmal die Zimtsterne zum Probieren durch die Reihen.

● *Zimtsterne*
Der Zimtstern als Weihnachtsgebäck soll uns an den Stern von Betlehem erinnern. Dieser Stern wies den drei Weisen aus dem Morgenland den Weg zur Krippe. Er steht als Symbol für das Licht, das durch Jesus in die Welt gebracht wurde.

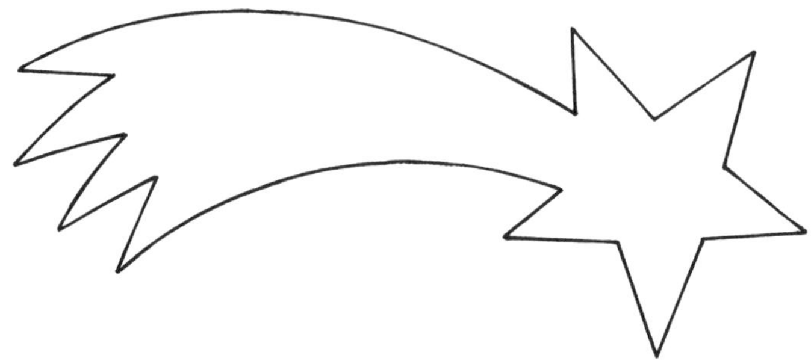

● *Marzipan*

Die drei Weisen brachten dem Kind in der Krippe Geschenke: Gold, Weihrauch und Myrrhe. Myrrhe war zur damaligen Zeit ein sehr kostbares Gewürz und Heilmittel. Später wurde es in Venedig zum Backen von Plätzchen benutzt. Diese Plätzchen wurden nach Markus, dem Schutzpatron der Stadt Venedig, als Markusbrot bezeichnet, auf lateinisch marci panis. Kreuzritter brachten dieses Gebäck nach Deutschland, wo es in Marzipan umbenannt wurde.

● *Lebkuchen*

Der Lebkuchen hieß früher Flachbrot. So wurden damals auch die Hostien genannt. Durch diese Namensgleichheit soll uns der Lebkuchen an das Brot erinnern, das Jesus beim Abendmahl geteilt hat.

● *Nüsse*

Die Nuss ist ein Symbol für das Wort Gottes. Die Nuss hat eine harte Schale und ist schwer zu knacken. Ähnlich geht es uns mit dem Wort Gottes, das oft schwer zu verstehen ist.
Hat man die Nuss geöffnet, findet man einen weichen, wohlschmeckenden Kern. Genauso ist es mit dem Wort Gottes. Wenn wir es verstanden haben, finden wir Erfüllung und Frieden in ihm.

(Die Werbeanzeigen an der Magnettafel werden aufgedeckt, sodass das Symbol für die jeweilige Bedeutung des Weihnachtsgebäcks sichtbar wird.)

Lied: Wir sagen euch an den lieben Advent (EG 17, GL 115, LJ 26)

Predigt

Liebe Gemeinde!

Es gibt wohl keine andere Zeit im Jahr, die unsere Empfindungen so sehr anspricht, wie die Advents- und Weihnachtszeit. Da gibt es die besonderen Lieder des Advent und der Weihnachtszeit. Da wird Kerze um Kerze am Adventskranz angezündet und so angedeutet, dass wir Tag für Tag, Sonntag für Sonntag dem Weihnachtsfest näher kommen. Und da gibt es – jedenfalls wo noch selbst gebacken wird – jene Düfte des Weihnachtsgebäcks, die durch das ganze Haus ziehen.

Hinter vielen der alten Bräuche steht ein tiefer Sinn. Wir wollen in diesem Gottesdienst versuchen, hinter all dem Äußerlichen, das sich über diese alten Bräuche gelagert hat, den Sinn wenigstens ein Stück weit wieder freizulegen. Wir haben es hier vorne an der Tafel ja schon vorgemacht, wie es gedacht ist: Wir haben da zunächst die Werbung gehabt, wie sie uns in diesen Tagen begegnet. Sie steht stellvertretend für all das viele, das uns den Blick auf den tieferen Sinn des Advents verstellen will.

Aber nun gibt es Dinge, die zum Advent dazugehören und in denen sich eine geheime Botschaft verbirgt. Wir haben diese Dinge eben schon probiert und geschmeckt. Wir haben auch ganz kurz schon von ihrer Bedeutung gesprochen. Die Bedeutung, die wir eben nur kurz angedeutet haben, will ich nun etwas ausführlicher darstellen.

Zimtsterne

Als Erstes haben wir Zimtsterne probiert. Sie sind mit einer weiß leuchtenden Glasur überzogen. Wenn wir sie essen, erinnern sie uns an den Stern, den die Weisen - oder Könige - im fernen Land gesehen haben. Er war für sie Wegweiser. Er hat ihnen den Weg zum Kind in der Krippe gezeigt.

So sind auch wir im Advent unterwegs. Unterwegs hin zum Kind in der Krippe. Und wenn wir solch einen Zimtstern essen, dann kann uns das daran erinnern, dass Advent der Weg zum Kind in der Krippe ist.

Marzipan

Auch das Marzipan hat mit den drei Weisen zu tun. Doch kaum einer weiß das heute noch. Die Geschenke, die die Weisen mit an die Krippe brachten, waren Gold, Weihrauch und Myrrhe. Die Myrrhe war damals sehr kostbar. Man benutzt sie als schmerzlinderndes Mittel – übrigens bis heute. Man brachte sie dem Kinde in der Krippe als Zeichen für sein Leben: So würde er mit seinem Leben den Menschen Schmerz und Krankheit abnehmen, sie heilen und gesund machen.

Myrrhe wurde aber auch als Gewürz benutzt, das einen ganz besonderen Geschmack hatte. In Europa benutzten es als Erste die Bäcker in Venedig, der Markusstadt. Weil man das, was sie backten, marci panis – Marcus-Brot – nannte, sprach man bald in ganz Europa vom Marzipan. Später haben die Bäcker in Lübeck und Königsberg herausgefunden, wie man Marzipan auch ohne Myrrhe herstellen kann. Aber es bleibt dabei: Wenn wir Marzipan essen, dann erinnert es an die Myrrhe, die dem Kind in der Krippe mitgebracht wurde.

Lebkuchen

Noch etwas essen wir in der Adventszeit gerne: Lebkuchen. Er gehört seit dem Mittelalter zur Adventszeit. In der dunklen Jahreszeit sind wir besonders anfällig für Krankheiten. Damals hatte jedes Kloster einen Kräutergarten und man kannte die Heilwirkung der Kräuter und Gewürze besser als wir heute.

Lebkuchen wurden im Mittelalter als Stärkung der Abwehrkräfte und als Heilmittel gegessen. Dahinter steht ein altes deutsches Wort: das Wort »leb«, und das bedeutet Heilmittel. Vielleicht steht dahinter aber auch noch ein anderes Wort: nämlich »libum« – und das heißt Flachbrot und erinnert an die Hostie beim Abendmahl. Vielfach wurde Lebkuchen auch auf Hostien gebacken und so gibt es bis heute Oblatenlebkuchen. Deshalb erinnert der Lebkuchen an den, der uns Heil und Leben bringt – an Christus und an das Zeichen seiner Nähe – das Abendmahl.

Nüsse

Zur Advents- und Weihnachtszeit gehören natürlich auch die Nüsse. Ob wir beim Knacken der Nüsse zuweilen auch daran denken, dass sie uns eine Botschaft sagen?

Seit alter Zeit gelten Nüsse und Mandeln als ein besonderes Sinnbild des Wortes Gottes. Bei der Nuss ist ein wohlschmeckender und sehr nahrhafter Kern von einer manchmal sehr ärgerlich harten Schale umgeben. Man kann an diesen Kern nur herankommen, wenn man die Schale durchdringt. Ich denke mir manchmal: So ist das auch mit der Botschaft Gottes. Es fällt uns oft schwer, sie zu verstehen. Vieles aus der Bibel ist uns fremd geworden. Wir müssen uns an den Sinn erst heranarbeiten. Du musst durch die Schale hindurch zum Kern vordringen, sagt mir die Nuss – dann findest du etwas, was dir gut tut, was dich stärkt und froh macht.

Ich finde es toll, wie viel uns all diese Dinge, die wir essen und die gut schmecken, über den Sinn des Advents und der Weihnachtszeit sagen können. Vielleicht denken wir ja demnächst einmal daran, wenn wir ein Stück Marzipan, einen Zimtstern, einen leckeren Lebkuchen essen oder Nüsse knacken. Amen.

Lied: Es kommt ein Schiff geladen (EG 8, GL 114, LJ 17)

Aktion:

Die Zettel mit den Gebetsbitten der Gemeinde werden spontan als Fürbittengebet gesprochen.

Vaterunser

Schlussgebet

Guter Gott,
sei mit uns auf allen unseren Wegen in der neuen Woche.
Gib deine Kraft in unsere Herzen.
Erfülle uns mit deiner Liebe und hilf uns sie weiterzugeben.
Amen.

Segen

So geht nun hin im Frieden des Herrn!
Gott segne euch und behüte euch.
Er lasse sein Antlitz leuchten über euch und sei euch gnädig.
Er erhebe sein Angesicht über euch und schenke euch Frieden.
Amen.

Die vier Fäden der Hoffnung

(Dieser Gottesdienst wurde als Jugendgottesdienst angekündigt und zur üblichen Gottesdienstzeit durchgeführt, zu dem allerdings auch viele Erwachsene kamen, da er an einem Sonntagmorgen stattfand.)

Vorbemerkungen

Thema: Was ein Hoffnungsnetz bewirken kann

Aktion: Sorgenmensch beschriften und ein Hoffnungsnetz knüpfen

Zielgruppe: Jugendgottesdienst

Material: Sorgenmenschzettel, Stifte, Körbchen, Stehtische, Wollfäden in vier Farben (z.B.: rot, grün, gelb, blau), vier Stoff- oder Papierbahnen (entsprechend den Farben der Wollfäden)

Vorbereitung:
▷ Im Eingangsbereich der Kirche bekommt jede/r Gottesdienstbesucher/in einen Sorgenzettel (DIN A5 oder 6 – Vorlage s. S. 33) und einen Stift zum Aufschreiben ihrer/seiner Sorgen. Neben einer Umrisszeichnung eines Menschen stehen auf diesem Zettel die Worte: »Was mir auf den Schultern lastet«. Die Sorgenzettel werden im Eingangsbereich an Stehtischen ausgefüllt. Dabei erklingt leise Musik (Band, Gitarre oder CD).
▷ Vier Stoff-/oder Papierbahnen – den Farben der Fäden entsprechend – werden in der Kirche so ausgelegt, dass sie die für die Hoffnungsnetzaktion frei bleibende Fläche umgrenzen.
▷ Vier Wollfäden ca. 30 cm lang in unterschiedlichen Farben. Sie werden oben einmal zusammengeknotet und entsprechend der erwarteten Anzahl der Gottesdienstbesucher in Körbchen bereitgehalten.
▷ Nach der Ansprache bekommt jeder Gottesdienstbesucher ein solches Fadenbündel. Anschließend wird das Hoffnungsnetz geknüpft. Dabei sollen nach Möglichkeit alle vier Fäden benutzt werden.
▷ Nachrichten und Hoffnungsbeispiele im Vorbereitungsteam auswählen; eventuell Folien zu den Hoffnungsbeispielen vorbereiten.

Ablauf

Lied: Mache dich auf und werde Licht (DS 207, EG RT, LJ 451)

Eingangswort mit Kerzenritus

Wenn wir Gottesdienst feiern, denken wir an Gott.
Er hat die Welt und alle Pflanzen, Tiere und Menschen geschaffen.
Wir zünden die **erste Kerze** an.

Wenn wir Gottesdienst feiern, denken wir an Jesus.
Er hat vielen Menschen geholfen. Er hat viel Gutes getan. Wenn wir Gottesdienst feiern, dann ist er bei uns, auch wenn wir ihn nicht sehen.
Wir zünden die **zweite Kerze** an.

Wenn wir Gottesdienst feiern, denken wir an Gottes Heiligen Geist.
Er gibt uns Kraft und macht uns Mut.
Wir zünden die **dritte Kerze** an.

So feiern wir diesen Gottesdienst im Namen Gottes, des Vaters und des Sohnes und des Heiligen Geistes. Amen.
Gott! Mache dich auf zu uns! Komm uns zu Hilfe! Denn wo du bist, ist Hoffnung. Amen.
Der Herr sei mit euch!

Begrüßung

(Durch den/die Leiter/in des Gottesdienstes und die Vorbereitungsgruppe.)

Im Namen des Vorbereitungsteams für diesen Gottesdienst möchte ich Sie herzlich begrüßen. Er hat das Thema: Die vier Fäden der Hoffnung. Wir wollen in diesem Gottesdienst von dem sprechen, was uns Sorgen macht. Und wir wollen vom dem sprechen, was uns Hoffnung geben kann.
Dazu haben Sie am Eingang einen Zettel bekommen. Sie konnten auf diesem Zettel aufschreiben, was Sie heute Morgen beschäftigt und mit welchen Gedanken Sie zu diesem Gottesdienst gekommen sind.
Beim nächsten Musikstück wollen wir diese Zettel einsammeln. Aus Ihren Anliegen werden dann die Fürbitten zusammengestellt.

(Einsammeln der Sorgenzettel während die Band spielt.)

Lied: Du bist da, wo Menschen leben (DS 49, KKH 28, LJ 498)

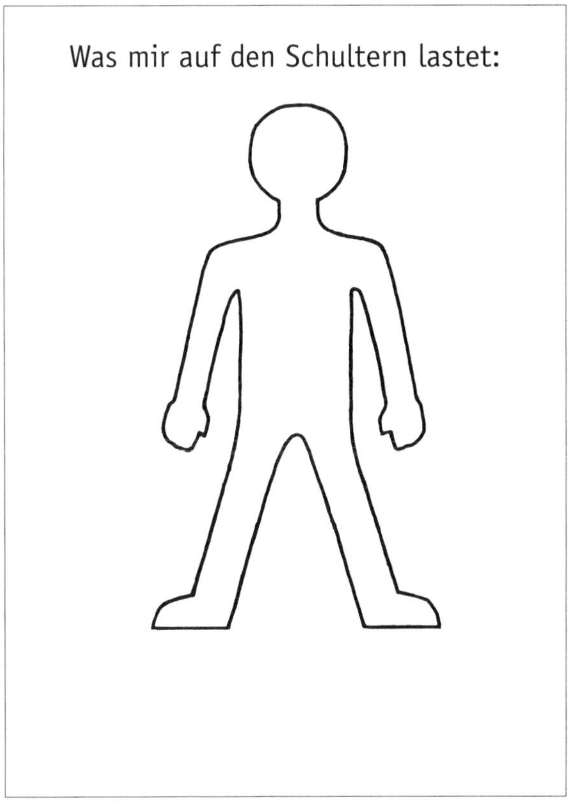

Vorlage für Sorgenzettel.
Er kann beim Kopieren um 50 % (= DIN A 6) oder um 100 % (= DIN A 5) vergrößert werden.

Eingangsgebet

Guter Gott!
Manch eine Sorge lastet auf unseren Schultern.
Du kennst sie und weißt, was uns bedrückt.
Jesus hat gesagt: Kommt her zu mir alle, die ihr mühselig und beladen seid.
Ich will euch erquicken.
So bitten wir dich: Lass uns in diesem Gottesdienst spüren, dass unsere Lasten leichter werden können, wenn wir dir vertrauen und in deinem Sinne leben und handeln. Amen.

Anspiel

(Ein Jugendlicher zappt sich durch verschiedene Fernsehprogramme. Die ausgewählten Nachrichten können aktualisiert und um Lokalnachrichten ergänzt werden.)

1. Sprecher: Hier ist das Erste Deutsche Fernsehen mit der Tagesschau. Guten Abend meine Damen und Herren.
Berlin: Gestern Abend störten Hunderte von Rechtsradikalen eine Gedenkfeier anlässlich der Reichspogromnacht.

Zapper: Uaaaah!

2. Sprecher: Schwere Regenfälle lösten in Graubünden neuerlich eine Schlammlawine aus.
Das kleine Bergdorf Vinzen wurde von den Geröllmassen vollständig zerstört. Als Ursache wird die fortschreitende Abholzung der Wälder zur Erschließung neuer Skigebiete angesehen.

Zapper: Was interessieren mich die paar Häuser!

3. Sprecher: Jerusalem: Nach dem Freitagsgebet kam es zu Auseinandersetzungen zwischen ...

Zapper:	Wenn ihr euch nicht vertragen könnt, dann schlagt euch halt.
4. Sprecher:	Uganda: Neuste Statistiken des Gesundheitsministeriums von Uganda belegen einen dramatischen Anstieg von Neuerkrankungen, die durch den AIDS-Erreger hervorgerufen wurden.
Zapper:	Uganda? Uganda ist weit weg.
5. Sprecher:	Ein Rottweilerrüde hat in Düsseldorf einen sechsjährigen Jungen, der auf der Straße spielte, angefallen und lebensgefährlich verletzt. Der Hund wurde eingeschläfert.
Zapper:	Was spielt das Kind auch auf der Straße. Haben die Eltern wieder nicht aufgepasst.
6. Sprecher:	Die Kölner Verkehrsbetriebe klagen über steigende Fälle von Vandalismus in Bussen und Bahnen.
Zapper:	Fahr ich mit der Bahn?
7. Sprecher:	In der Nacht zum Sonntag kam es auf der A 1 in Höhe der Anschlussstelle Remscheid-Lennep zu einem folgenschweren Autounfall. Der Fahrer eines mit fünf jungen Erwachsenen besetzten Pkws stand unter erheblichem Alkohol- und Drogeneinfluss, als er ...
Zapper:	Immer diese Jugendlichen! Wenn ihr nichts vertragt und nicht fahren könnt, dann solltet ihr es lassen.
8. Sprecher:	In einem Stadtteil der Chemiestadt Leverkusen ist gestern auf offener Straße eine Frau überfallen worden. Obwohl sie sich heftig wehrte und laut um Hilfe rief, reagierte keiner der Passanten. Der Bürgermeister äußerte sich betroffen über die Teilnahmslosigkeit seiner Mitbürger.
Zapper:	Ich kann es nicht mehr hören. *(Er schaltet TV aus.)*

Überleitung

Das ist eine Szene aus einem ganz normalen Wohnzimmer – irgendwo in Deutschland oder vielleicht hier bei uns.
Sicher, wir haben übertrieben. Aber so oder so ähnlich stürmen die Nachrichten auf uns alle ein.
Und so wie in der Spielszene reagieren wir auch. Wir schalten um. Wir schalten aus. Wir wollen und können die schlimmen Nachrichten nicht mehr hören.
Wir schalten nicht nur den Fernseher ab. Wir schalten uns auch selber ab – innerlich: »Da kann ich nichts für!« »Das kann ich nicht ändern!« »Das geht mich nichts an!«

Gebet

Gott!
Täglich hören wir Meldungen von Unglücken.
Hilf, dass wir nicht abstumpfen.
Gott!
Täglich erfahren wir von Menschen in Not.
Hilf, dass wir unser Mitgefühl nicht ausschalten.

Lied: Herr, erbarme dich, erbarme dich (DS 26, EG 178.11, LJ 121)

Gott!
Auch wir stehen in der Gefahr zu resignieren.
Hilf uns, neuen Mut zu gewinnen.
Gott!
Es kann geschehen, dass auch in unserer Nähe Menschen bedroht werden.
Hilf, dass wir nicht wegsehen.
Gib uns Geistesgegenwart und Mut zu helfen.

Lied: Herr, erbarme dich, erbarme dich (DS 26, EG 178.11, LJ 121)

Wünsche

Unsere Welt ist nicht in Ordnung.
Änderung beginnt nicht weit weg, sondern bei uns selbst.
Deshalb haben wir Jugendliche unsere Wünsche aufgeschrieben.
Wir Jugendlichen wünschen uns von euch Erwachsenen:
Nehmt euch Zeit für uns!
Geld und eure Hobbys sind nicht so wichtig wie wir.
Hört uns zu! Und glaubt nicht immer, schon alles zu wissen!
Nehmt uns ernst!
Auch wir haben Sorgen und Probleme und brauchen eure Hilfe.
Traut uns einfach mal mehr zu.
Nehmt uns nicht alle Entscheidungen ab!
Die meisten von uns wollen Aufgaben übernehmen und Verantwortung tragen.

Wir wünschen uns von euch Politikern:
Haltet eure Versprechen!
Redet nicht so viel, sondern tut auch mal etwas!
Nehmt euch selbst nicht so wichtig!
Sprecht nicht immer über uns, sondern mit uns!

Für die Kirche wünschen wir uns:
Mehr Gottesdienste, bei denen wir auch beteiligt sind!
Mehr Offenheit für Neues!
Eine Gemeinde, bei der wirklich alle zusammenhalten und jeder auf den anderen zugeht.
Eine Gemeinde, in der Junge und Alte ihre Freude und ihr Leid teilen.

Lied: Herr, gib mir Mut zum Brückenbauen (s. Seite 36 oben)

Meditation
(zu leiser Gitarrenmusik)

Wo ist das schon einmal passiert?
Dass sich die Starken davonstehlen müssen.
Dass die Schwachen keine Angst haben.
Dass einer den anderen achtet.

Wo ist das schon einmal passiert?
Dass einer da ist, der zuhört.
Dass einer in Liebe sagt, was er denkt.
Dass einer tut, was er verspricht.

(Weiter Seite 36 untere Hälfte) ▷

Herr, gib mir Mut zum Brückenbauen

Text: Kurt Rommel;
Melodie: Paul Bischoff

2. Ich möchte gerne Brücken bauen,
wo alle tiefe Gräben sehn.
Ich möchte hinter Zäune schauen
und über hohe Mauern gehen.

3. Ich möchte gern dort Hände reichen,
wo jemand harte Fäuste ballt.
Ich suche unablässig Zeichen
des Friedens zwischen Jung und Alt.

4. Ich möchte nicht zum Mond gelangen,
jedoch zu meines Feindes Tür.
Ich möchte keinen Streit anfangen;
ob Friede wird, liegt auch an mir.

5. Herr, gib mir Mut zum Brückenbauen,
gib mir den Mut zum ersten Schritt.
Lass mich auf deine Brücken trauen,
und wenn ich gehe, geh du mit.

Wo ist das schon einmal passiert?
Dass einer dem Schuldigen vergibt.
Dass einer tröstet, wo Trauer herrscht.
Dass einer die Hoffnung weckt.

Wo ist das schon einmal passiert?
Dass einer die Not sieht und hilft.
Dass einer abgibt, von dem was er hat.
Dass einer zupackt, wo es nötig ist.

Wo ist das schon einmal passiert,
Dass einer den Nächsten liebt, wie sich selbst.

Das ist schon einmal passiert: bei Jesus von Nazaret!
(Instrumentaluntermalung geht noch einen Augenblick weiter.)

Lesung: Matthäus 11,2–6
(Nach der Lesung tritt für einen Augenblick Stille ein. In die Stille hinein wird die Geschichte von den Fäden der Hoffnung vorgelesen)

Die Geschichte von den vier Fäden der Hoffnung

Einst kam ein junger Mann zu einem Einsiedler. Der war berühmt wegen seiner Weisheit. Der junge Mann klagte ihm seine Not: »Ich habe mich umgesehen in der Welt. Die Menschen denken nur an sich. Das Leid der anderen berührt sie nicht. Das Unrecht in der Welt wird immer größer. Ich habe keine Hoffnung, dass das sich ändern könnte.« Der Weise überlegte lange. Dann sagte er: »Geh noch einmal hinaus in die Welt. Denke dir, sie sei wie ein riesiger Knäuel verschiedenster Fäden, die ineinander verschlungen sind – und jeder Faden steht für etwas anderes in dieser Welt: Hass, Unrecht, Gewalt, Unfriede, ... Du aber suche die vier Fäden der Hoffnung. Deine erste Aufgabe besteht darin, den Faden der Liebe zu suchen.

Der Faden der Liebe

Da machte sich der junge Mann auf und begann mit seiner Suche. Eines Tages kam er in einer Gebirgsgegend in ein Gasthaus. Da saß ein Mann mit dickem Verband um den Kopf. Und als er sich zu ihm setzte, erfuhr er, was geschehen war. Der Mann war von Räubern überfallen worden. Sie hatten ihn zusammengeschlagen, ausgeraubt und liegengelassen. Er hatte um Hilfe geschrieen. Aber keiner der Vorübergehenden hatte ihm geholfen. Er wäre fast verblutet, wäre da nicht doch einer gekommen, der seine Wunden verband und ihn in die Herberge brachte, wo er gepflegt werden konnte. »Und das war auch noch ein Ausländer!« So schloss der Mann mit dem Verband seinen Bericht.

Als der junge Mann zu dem Einsiedler zurückkehrte, sagte er: »Ich habe den Faden der Liebe gefunden.« Und er berichtete dem Einsiedler, was er im Gasthof erfahren hatte. Da gab ihm der Einsiedler ein Stück Faden und sagte: »Ich gebe dir diesen Faden. Verwahre ihn gut. Er soll dir ein Zeichen sein, das dich immer wieder daran erinnern soll: Es gibt den Faden der Liebe in der Welt.«

Der Faden des Mutes und der Zivilcourage

»Deine Aufgabe aber ist noch nicht zu Ende«, sagte der Einsiedler: »Geh wiederum in die Welt hinaus. Suche den Faden des Mutes und der Zivilcourage.« Da machte sich der junge Mann wiederum auf. Er kam in eine Stadt. Da sah er eine große Menschenmenge. Die wollten eine Frau steinigen, denn sie hatte die Ehe gebrochen. Einer aber trat in die Mitte der Menge. Er rief: »Halt! Lasst die Frau. Steinigt sie nicht.« Da umringten die Menschen den, der so sprach, bedrohten ihn und sagten: »Kennst du unsere Gesetze nicht? Ehebruch wird mit der Steinigung bestraft. Also geh weg und lass uns tun, was wir tun müssen.« Der Mann aber stellte sich schützend vor die Frau und sagte: »Lasst sie gehen. Wer unter euch ohne Sünde ist, der werfe den ersten Stein!« Da senkten sie die Blicke und gingen fort, ohne der Frau etwas zuleide zu tun.

Als der junge Mann wieder zum Einsiedler zurückkehrte, berichtete er: »Ich habe den Faden des Mutes und der Zivilcourage gefunden.« Und er berichtete dem Einsiedler von dem, was er in der Stadt erlebt hatte. Da gab ihm der Einsiedler ein Stück Faden und sagte: »Ich gebe dir diesen Faden. Verwahre ihn gut. Er soll dir ein Zeichen sein, das dich immer wieder daran erinnern soll: Es gibt den Faden des Mutes und der Zivilcourage in der Welt.«

Der Faden der Bereitschaft zu teilen

»Deine Aufgabe ist noch nicht zu Ende«, sagte der Einsiedler. »Geh und suche den Faden der Bereitschaft zu teilen.«

Da machte sich der junge Mann auf. Er kam in eine einsame Gegend, wo nichts als ein wenig Gras wuchs. Erstaunt bemerkte er, dass eine große Menschenmenge da war, die zuhörte, wie ihnen von Gott erzählt wurde. Stunde um Stunde verging. Erst als der Prediger aufhörte, bemerkten die Menschen, dass sie hungrig waren. Die Freunde des Predigers schienen ratlos, weil sie nur fünf Brote und zwei Fische hatten, viel zu wenig, um die vielen Menschen zu sättigen. Aber als sich alle gesetzt hatten und die fünf Brote und die beiden

Fische verteilt wurden, da geschah es, dass jeder das, was er zu Essen mitgenommen hatte, mit den anderen teilte. So wurden alle satt und es blieb sogar noch etwas übrig.

Als der junge Mann wieder zum Einsiedler zurückkehrte, sagte er: »Ich habe den Faden der Bereitschaft zum Teilen gefunden.« Und er berichtete dem Einsiedler von dem, was er in der Einöde erlebt hatte. Da gab ihm der Einsiedler einen weiteren Faden und sagte: »Ich gebe dir diesen Faden. Verwahre ihn gut. Er soll dir ein Zeichen sein, das dich immer wieder daran erinnern soll: Es gibt den Faden der Bereitschaft zu teilen.«

Der Faden der Gemeinschaft

»Eine letzte Aufgabe will ich dir stellen«, sagte der Einsiedler. »Geh hinaus in die Welt und suche den Faden der Gemeinschaft.« Da machte sich der junge Mann ein letztes Mal auf. Er kam in ein Haus. Da waren Männer und Frauen, die sprachen davon, dass sie Schuld hätten. Sie hätten ihren Freund im Stich gelassen. Sie seien voller Angst geflohen, als er verhaftet und getötet wurde. Aber sie sagten das, ohne sich gegenseitig Vorwürfe zu machen. Und als er fragte, wen sie denn im Stich gelassen hätten, da erfuhr er, dass es der sei, der am Kreuz gestorben, aber von Gott auferweckt sei. Und sie luden ihn ein, sich mit ihnen an den Tisch zu setzen, der gedeckt war mit Brot und Wein.

Als der junge Mann wieder zum Einsiedler zurückkehrte, sagte er: »Ich habe den Faden der Gemeinschaft gefunden.« Und er berichtete dem Einsiedler von dem, was er erlebt hatte. Da gab ihm der Einsiedler ein Stück Faden und sagte: »Nun hast du die vier Fäden der Hoffnung gefunden. Du hast gesehen, dass es sie in der Welt gibt. Nun geh und suche Menschen, die auch von diesen Fäden der Hoffnung wissen. Geh zu ihnen. Aus vielen Fäden kann ein Netz werden.«

(Dieter Witt)

Ansprache

(Die Beispiele müssen im Vorbereitungsteam auf die jeweilige Situation vor Ort hin überlegt werden. Die hier genannten Beispiele können als Anregung für das Gespräch im Team dienen. Veranschaulicht werden können die Beispiele durch Folien entsprechender Artikel aus der Zeitung oder dem örtlichen Gemeindebrief.)

Liebe Gemeinde!
Ob es die vier Fäden der Hoffnung eigentlich auch bei uns heute gibt?
Wir haben uns in der Vorbereitung für diesen Gottesdienst dazu einige Gedanken gemacht. Wir wollen keine spektakulären Beispiele bringen. Die gibt es auch, aber sie machen den Normalverbraucher eher mutlos. Wir haben nach Unspektakulärem gesucht, nach Dingen, die man leicht übersieht, die aber solche Fäden der Hoffnung sind und wert, einmal bedacht zu werden.

Es gibt den Faden der Liebe.
Zum Beispiel in der Arbeit des Besuchsdienstes in unserer Gemeinde, der Einsame, Alte, Kranke, Menschen im Altenheim und zu Hause besucht und damit viel Freude bereitet.

Da ist die Arbeit der Hospizbewegung. Todkranke werden begleitet bis in ihre letzte Stunde hinein. Menschen tun diese Arbeit ohne Bezahlung – in vielen Fällen aus dem Glauben heraus, dass wir als Christen eine Hoffnung haben gegen den Tod und den Tod daher nicht verdrängen müssen.

Da ist der Faden des Mutes und der Zivilcourage.
Es gibt Jugendliche und Erwachsene, die ausländerfeindliche Parolen in ihrer Umgebung nicht mehr stillschweigend hinnehmen. Es gibt Jugendliche und Erwachsene, die sich einmischen, wenn Menschen wegen ihrer Hautfarbe oder wegen ihres Glaubens herabgewürdigt werden.

Es gibt auch den Faden der Bereitschaft zu teilen.
Wir lesen in der Zeitung vom Erfolg der Verkaufsaktion von Sets mit Serviettenringen. Der Erlös dient dazu, Menschen in Not zu helfen.
Wir wissen, wie sinnvoll es ist, wenn Menschen ihre Altkleider nicht wegwerfen, sondern für Hilfsbedürftige zur Verfügung stellen.
An vielen Orten sind inzwischen so genannte »Tafeln« eingerichtet, bei denen Bedürftige Lebensmittel bekommen, die sonst weggeworfen würden.

Auch den Faden der Gemeinschaft gibt es.
Zum Beispiel im Gottesdienst.
»Wo zwei oder drei in meinem Namen zusammen sind, da bin ich mitten unter ihnen«, sagt Jesus. Und wenn dann diese Menschen ihre Fäden der Hoffnung nicht für sich behalten, sondern zusammenknüpfen, dann entsteht ein Netz, das stark ist und tragfähig – so stark und tragfähig, wie einzelne Fäden nie sein könnten.
So lassen Sie uns nun ein solches Hoffnungsnetz aus unseren Fäden der Hoffnung knüpfen. Amen.

Aktion

(Die Hoffnungsfadenbündel werden bei leiser Gitarrenmusik an die Gottesdienstbesucher verteilt.)

Zum Lied »Jeder knüpft am eignen Netz …« versammeln sich alle, die möchten, in der umgrenzten freien Fläche. Sie binden bei diesem Lied ihre Fäden mit den anderen zusammen. Am Ende der Aktion wird das entstehende Netz von einigen Teilnehmern – je nach örtlichen Möglichkeiten – an der Empore hochgezogen und aufgehängt bzw. vor dem Altarraum abgelegt.

Lied: Jeder knüpft am eignen Netz (EH 291, LJ 574)

Fürbitten

(Sie werden spontan aus den Sorgenzetteln formuliert.)

Vaterunser

Segen

Gott, wir bitten dich:
Hilf uns dir zu vertrauen,
was auch kommen mag.
Wir bitten dich:
Bewahre uns, Gott,
behüte uns, Gott,
sei mit uns durch deinen Segen.
Dein Heiliger Geist, der Leben verheißt,
sei mit uns auf unsern Wegen.
(EG 171,4)

Wer mag, kann jetzt die Augen schließen!

Gott sei vor dir, um dir den rechten Weg zu zeigen.
Stell dir vor: Gott ist vor dir. *(kurze Stille)*
Gott sei hinter dir, um dich vor allem Übel zu beschützen.
Stell dir vor, Gott ist hinter dir. *(kurze Stille)*
Gott sei neben dir, um dich wie ein guter Freund zu begleiten.
Stell dir vor, Gott ist neben dir. *(kurze Stille)*
Gott sei unter dir, um dich aufzufangen, wenn du strauchelst.
Stell dir vor, Gott ist unter dir. *(kurze Stille)*
Gott sei über dir, um dir den Himmel zu öffnen.
Stell dir vor, Gott ist über dir. *(kurze Stille)*
Gott sei in dir und schenke dir ein frohes Herz.
Stell dir vor, Gott ist in dir. *(kurze Stille)*
Amen.
(mündlich nach Rüdiger Maschwitz)

So geht nun hin im Frieden des Herrn!
Es segne und behüte euch,
Gott, der Allmächtige und Barmherzige,
der Vater, der Sohn und der Heilige Geist.
Amen.

Lied: Mögen sich die Wege (EH 237, KKH 60)
(Anschließend hatten die Jugendlichen einen Kirchentee vorbereitet.)

2. Adventsandachten, Aktionen und Geschichten

Vier Türchen am Adventskalender

Ein Adventskalender mit Symbolen und Andachten zum Advent

Bastelanleitung für den Adventskalender:

Im Gottesdienst zum ersten Advent erhält jedes Kind einen Adventskalender.
Damit die Kinder nicht wissen, was sich hinter den vier Türchen des Adventskalenders verbirgt, muss der Kalender zuvor von Mitarbeiterinnen und Mitarbeitern hergestellt werden (s. Vorlage S. 45). Zunächst wird eine Schablone aus Pappe hergestellt. Mit ihrer Hilfe wird die Kalendervorderseite auf dünnes Kartonpapier übertragen und ausgeschnitten. Das oberste Fensterfeld, unter dem der Stern von Betlehem zu sehen ist, wird mit einem Cutter (Schneidemesser) ganz ausgeschnitten; die »Türchen« werden nur an drei Seiten eingeschnitten, sodass sie sich später öffnen lassen.
Die Bildvorlage (s. S. 45) wird im Format DIN A4 am Kopiergerät in der benötigten Anzahl auf Kopierpapier vervielfältigt. Wird die Bildvorlage im Kopierladen auf Transparentpapier kopiert, kann der Adventskalender als Fensterbild dienen. In beiden Fällen wird das Bildblatt hinter das Kartonfenster geklebt. Überstehendes Papier wird abgeschnitten.
Die Kinder können die Bilder mit Buntstiften ausmalen, nachdem das entsprechende Türchen geöffnet worden ist.

1. Advent:

Gedanken über den Stern

Heute ist der erste Sonntag in der Adventszeit. Wir freuen uns darauf, dass bald Weihnachten ist. Wir freuen uns darauf, dass Jesus geboren wird. Bis es soweit ist, musst du noch einige Zeit warten. Für diese Zeit bekommst du heute einen besonderen Kalender – einen Adventskalender. Er hat vier Türchen: für jeden Sonntag im Advent ein Türchen. Noch sind sie verschlossen. Was du aber schon erkennen kannst, ist der Stern mit dem Schweif. Du siehst ihn über den verschlossenen Türchen. Einen solchen großen Stern mit einem langen Schweif sahen vor langer Zeit weise Männer im Morgenland. Sie wussten: Er zeigt die Geburt eines besonderen Königs an. Sie machten sich auf die Reise. Sie folgten dem Stern. Es sollte lange dauern, bis sie Jesus im Stall von Betlehem fanden. Aber der Stern leitete sie dorthin. So erinnert uns der Stern an die weisen Männer aus dem Morgenland.

Gedanken zum Adventskranz

Nun bist du sicher schon gespannt, was sich hinter dem ersten Türchen verbirgt. Du kannst jetzt das Türchen, auf dem die Zahl 1 zu sehen ist, aufmachen. Da siehst du einen Adventskranz.

Vielleicht hast du solch einen Adventskranz zu Hause. Ich will dir erzählen, was es mit dem Adventskranz auf sich hat. Der Adventskranz ist ein Kranz aus grünen Zweigen. Seit alter Zeit ist der Kranz ein Siegeszeichen. Heute bekommt der Sieger oder die Siegerin im Wettkampf eine Medaille. Damals bekamen sie einen Lorbeerkranz.

Auch der Adventskranz ist ein Siegeszeichen. Er ist ein Zeichen dafür, dass Jesus den Tod besiegt hat. Deshalb wird der Adventskranz aus immergrünen

Zweigen gebunden. Andere Zweige haben jetzt ihre Blätter verloren. Sie sind kahl. Sie sehen tot aus. Die Tannenzweige aber sind auch im Winter grün. In ihnen ist Leben. Grün – das ist die Farbe der Hoffnung: So wie Jesus den Tod überwunden hat, werden auch wir einst zu Gott kommen.

Heute ist der erste Advent. Da wird die erste Kerze am Adventskranz angezündet. Insgesamt sind es vier Kerzen. Jeden Sonntag wird eine Kerze mehr angezündet, bis alle vier Kerzen brennen. Dann dauert es nicht mehr lange bis Weihnachten. Dann dauert es nicht mehr lange bis Jesus geboren wird.

Wenn du möchtest, kannst du das Bild im ersten Türchen ausmalen. Den Kranz malst du sicher grün. Für die Kerzen und die Bänder solltest du die rote Farbe nehmen. Denn die Kerzen und die Bänder am Adventskranz sind meist rot. Auch das hat einen besonderen Grund. Rot ist die Farbe der Liebe. Die rote Farbe der Kerzen und der Bänder wollen dir zeigen: Gott liebt die Welt so sehr, dass er uns seinen Sohn Jesus schickt.

2. Advent:

Gedanken zum Lebkuchen

Wenn du das zweite Türchen deines Adventskalenders öffnest, dann siehst du einen Lebkuchen. Schon seit langer Zeit gehören die Lebkuchen zur Advents- und Weihnachtszeit. Lebkuchen wurden zuerst in den Klöstern des Mittelalters gebacken. Aus dieser Zeit stammt auch das Wort Lebkuchen. Die Mönche haben es gebraucht. Das Wort »Leb« bedeutet Heilmittel oder Arzneimittel. Die Mönche haben damals viel über Naturheilkunde gewusst. Sie haben Kräutergärten angelegt und darin viele Kräuter und Heilpflanzen gezüchtet. Aus den Blättern und den Säften der Heilkräuter haben sie Medizin gewonnen. Denn damals gab es noch keine Tabletten – so wie heute. Damals wurden aber mit den Kräutern und Heilpflanzen kleine Kuchen gebacken. Die nannten die Mönche Lebkuchen. Weil wir Menschen gerade im Winter anfällig für Husten, Schnupfen und andere Krankheiten sind, wurden die Lebkuchen in der Weihnachtszeit in den Klöstern verteilt. Die Mönche haben den Menschen erklärt, dass der Lebkuchen dem Körper gut tut und Gesundheit schenkt. Sie haben den Menschen sicher auch gesagt: »Wer Lebkuchen isst, der soll auch daran denken, dass an Weihnachten Jesus geboren wird. Er schenkt den Menschen Heil für die Seele.«

Vielleicht hast du schon einmal einen Lebkuchen gesehen, der auf einer Oblate gebacken war. Solche Oblaten-Lebkuchen haben die Mönche damals schon hergestellt. Das hat seinen Grund in dem, was sie den Menschen beim Verteilen der Lebkuchen gepredigt haben: »Die Oblaten erinnern an das Abendmahl. Sie erinnern an Jesus. Sie erinnern daran, dass Jesus der Heiland der Welt ist.«

Wenn du Weihnachten Lebkuchen isst, dann erinnert dich das an Jesus. Es erinnert dich an das Brot des Lebens beim Abendmahl.

3. Advent:

Gedanken zur Nuss

Hinter dem dritten Türchen siehst du eine Nuss. Es ist eine Walnuss. Zur Advents- und Weihnachtszeit gehören Nüsse. Sie sind lecker. Sie sind nahrhaft. Und sie sind gut für die Gesundheit. Das wusste man schon im Altertum. Denn im Altertum galten Nüsse sogar als Medizin.

In der Advents- und Weihnachtszeit haben Nüsse eine ganz besondere Bedeutung. Sie sind ein Sinnbild: Eine Nuss hat eine dicke, harte Schale. Sie verbirgt den Kern. Wenn du an den Kern herankommen willst, dann musst du die Schale aufknacken. Oft ist das gar nicht so einfach. Aber wenn du es dann geschafft hast, dann wartet ein leckerer und nahrhafter Kern auf dich.

So ist das auch mit dem, was Gott uns sagt. In der Bibel ist es aufgeschrieben. Aber oft ist es gar nicht so einfach zu verstehen. Es zu verstehen, ist oft mühsam. Es ist so mühsam, wie das Aufknacken einer harten Nuss. Wenn man aber verstanden hat, was Gott uns sagt, dann ist das Nahrung für die Seele. Es ist Nahrung für die Seele, so wie der Kern der Nuss Nahrung für den Körper ist.

Hast du schon einmal eine goldene Nuss gesehen?

Weihnachten kann es sein, dass du solch eine Nuss siehst. Manche Menschen schmücken ihren Weihnachtsbaum nämlich mit vergoldeten Nüssen. Du kannst dir vielleicht schon denken warum! Ich gebe dir eine kleine Hilfe beim Nachdenken!

Gold ist etwas ganz Wertvolles. Die goldene Farbe ist die Farbe, die die Maler in ihren Bildern für alles benutzen, was von Gott kommt. Wenn nun eine goldene Nuss im Weihnachtsbaum hängt, dann sollen wir an Gott denken. Jesus ist Gottes Sohn. Aber er wird nicht in einem vornehmen Palast geboren, sondern in einem armseligen Stall.

Ist das Kind in der Krippe wirklich Gottes Sohn? Das ist schwer zu verstehen. Das ist eine harte Nuss, die Gott uns da zu knacken gibt. Wenn wir aber glauben, dass Jesus Gottes Sohn ist, dann haben wir diese harte Nuss geknackt. Dann haben wir etwas ganz Wichtiges erkannt. Das will die vergoldete Nuss im Christbaum uns sagen.

Manchmal hängt im Weihnachtsbaum nur eine Walnusshälfte. Statt des Kerns hat sie ein ganz kunstvolles Inneres: Winzig klein ist da Jesus in der Krippe zu sehen. Daneben stehen Maria und Josef. Das alles ist in einer halben Nussschale untergebracht. Schnitzer aus dem Erzgebirge schaffen solche kleinen Kostbarkeiten. Sie wollen damit zeigen – auch wenn es schwer zu verstehen ist: Gott schickt seinen Sohn zu uns auf die Erde, damit wir uns freuen können.

4. Advent:

Gedanken zum Apfel

Heute kannst du das letzte Türchen an unserem Adventskalender öffnen. Da siehst du einen Apfel. Sicher fragst du dich: Hat denn auch der Apfel eine besondere Bedeutung?

Dazu kann ich dir eine alte Geschichte erzählen. Sie spielt in Betlehem bei der Geburt Jesu.

Die Engel hatten den Hirten die Geburt Jesu verkündigt. Da waren die Hirten zum Stall gegangen. Sie hatten alles so angetroffen, wie die Engel es ihnen gesagt hatten.

Kaum hatten die Hirten den Stall verlassen, da kam eine alte Frau. Sie öffnete die Tür des Stalles und trat ein. Nach einem kurzen Gruß, der Maria und Josef galt, kniete sie sich vor der Krippe hin. Andächtig betrachtete sie das Jesuskind. Sie faltete die Hände und lobte Gott. Dann griff sie in ihre Tasche und holte einen Apfel heraus. Sie betrachtete ihn lange und schien tief in Gedanken versunken zu sein. Doch dann legte sie den Apfel behutsam in die Krippe.

Sie merkte, dass Maria und Josef sie erstaunt und fragend ansahen. Da sagte sie: »Sicher wollt ihr wissen, wer ich bin und was ich da tue. Ihr sollt wissen: Ich bin Eva – die Eva aus dem Paradies. Einst war der Apfel der Grund, dass wir von Gott aus dem Paradies vertrieben wurden. Seitdem ist die Tür zum Paradies für die Menschen verschlossen. Jetzt aber lege ich diesen Apfel in die Krippe. Er ist ein Zeichen. Er ist das Zeichen dafür, dass euer Sohn Jesus, die Tür zum Paradies wieder für alle Menschen öffnen wird.« Nach diesen Worten verneigte sie sich tief vor dem Kind in der Krippe. Dann verließ sie ohne ein weiteres Wort der Erklärung stumm den Stall. Maria und Josef aber schauten nachdenklich auf den Apfel, den Eva in die Krippe gelegt hatte.

Soweit die Geschichte vom Apfel in der Krippe! Sie will uns sagen: Jesus öffnet uns die Tür zum Paradies. Er öffnet uns die Himmelstür.

So sieht im Prinzip der fertige Adventskalender aus. Im Original befinden sich an den vier Fenstern jeweils noch nach außen geklappt die Türchen. Die Kopiervorlagen dazu finden Sie auf Seite 45.

Kopiervorlagen ▶
Die Vorlagen auf Seite 45 sind im Format DIN A5 abgedruckt. Sie sind beim Kopieren um einen DIN-Sprung (= 141%) auf DIN A4 zu vergrößern.

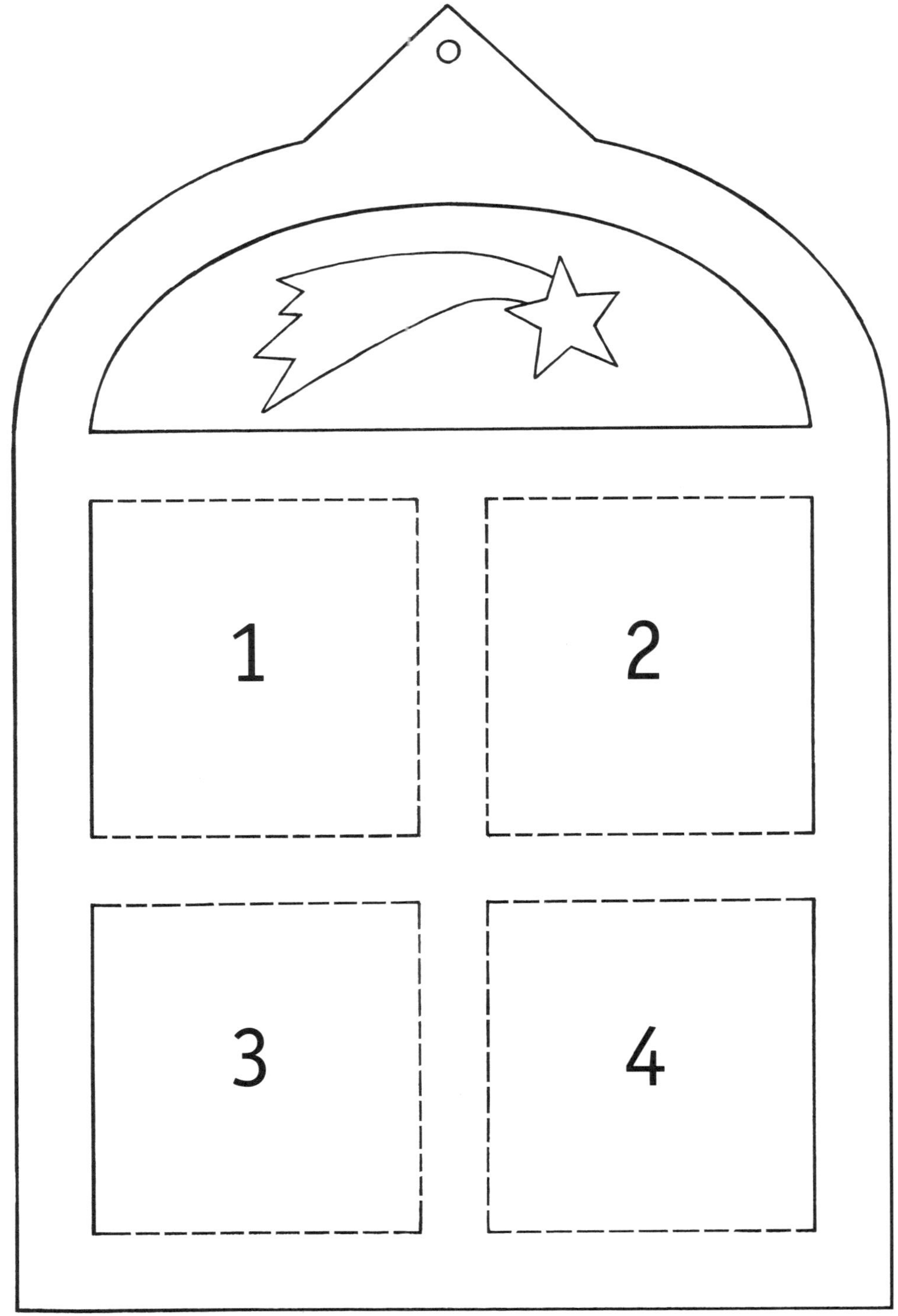
1
2
3
4

Eine neue Deutung der vier Adventskerzen

*Sprechspiel im Advent**

1. Sprecher: Auf die Adventszeit freue ich mich jedes Jahr wieder neu. Es ist schön, wenn die Kerzen am Adventskranz angezündet werden. Dann weiß ich: Es wird bald Weihnachten.
Aber was bedeuten eigentlich die vier Kerzen auf dem Adventskranz?

2. Sprecher: Da gibt es eine ganz einfache Antwort: Für jeden Sonntag im Advent hat der Adventskranz eine Kerze. Am ersten Advent wird die erste Kerze angezündet. Und an jedem weiteren Sonntag eine weitere – bis alle vier Kerzen brennen. Das soll die vielen Jahrhunderte andeuten, die die Menschen auf die Geburt Jesu warten mussten.

3. Sprecher: Ich habe von einer Schule gehört, in der die Kerzen noch ganz anders gedeutet wurden. Die Schüler haben gesagt: Die Kerzen auf dem Adventskranz stehen für Frieden, Glaube, Liebe und Hoffnung.

4. Sprecher: Das ist ein interessanter Gedanke. Lasst uns darüber einmal nachdenken! Passt auf! Hier habe ich vier Kerzen – für jeden von uns eine.
(Jeder bekommt eine Kerze und nimmt sie in die Hand.)

1. Sprecher: *(zündet seine Kerze an)* Meine Kerze steht für den Frieden. Mir fällt da eine alte Legende ein. Sie erzählt, wie das Licht einer Kerze einen grimmigen Krieger friedfertig gemacht hat. Das war so: Ein kampferprobter, gefürchteter Ritter reitet ins heilige Land. In Betlehem zündet er in der Geburtskirche Jesu eine Kerze an. Nun will er sie brennend bis auf seine Burg in Deutschland bringen. Zu seinem Schwert kann er jetzt nicht mehr greifen, denn er hält ja die Kerze in seinen Händen. Da wird der gefürchtete Krieger ganz friedlich. Er setzt sich sogar umgekehrt auf sein Pferd, damit die Kerze nicht vom Wind ausgeblasen wird. Nach wochenlangem Ritt und ständiger Sorge um seine Kerze kommt er schließlich mit der brennenden Kerze auf seiner Burg an. Fortan ist er wie verwandelt. Er sucht keinen Streit mehr, sondern lebt friedfertig bis zum Ende seiner Tage.

2. Sprecher: Schön wäre es ja, wenn es mit dem Frieden so einfach wäre wie in deiner Geschichte. Aber die Realität sieht doch anders aus. Wir leben hier glücklicherweise in Frieden. Aber anderswo ist Krieg. Noch nie gab es so viele Kriege in der Welt wie heute.

1. Sprecher: Das stimmt leider. Meine Geschichte spiegelt wieder, wonach die Menschen sich sehnen. Aber die Wirklichkeit sieht in der Tat leider anders aus. Die harte Realität ist die, dass die Menschen zwar die Sehnsucht nach Frieden haben, aber dennoch Kriege führen. Deshalb blase ich meine Kerze jetzt aus.
(Er bläst seine Kerze aus.)

* Deutung der Kerzen nach einer Idee aus der Mittelschule Königsbrunn Nord, Schulstraße 6, 86343 Königsbrunn, gefunden als Beitrag im Internet unter myheimat.de – dort allerdings inzwischen gelöscht.

2. Sprecher: *(zündet seine Kerze an)* Meine Kerze steht für den Glauben. Der Glaube hat schon vielen Menschen in ihrem Leben Kraft und Halt gegeben. Der Glaube an Gott gibt Trauernden Trost.
Aus der Kraft des Glaubens haben Menschen immer wieder große Dinge vollbracht.

3. Sprecher: Das lässt sich nicht bestreiten. Und das gibt es zweifellos bis heute. Aber die, die an Gott glauben, werden immer weniger. Ich denke, du überschätzt die Kraft des Glaubens. Das gilt jedenfalls für unsere Gesellschaft. Es kann dir nicht entgangen sein, dass die Kirchen immer leerer werden und sich die Zahl der Kirchenaustritte auf einem hohen Niveau eingependelt hat.

2. Sprecher: Dein Einwand ist berechtigt. Es stimmt, was du sagst. Ich tue es zwar sehr ungern – aber auch ich blase meine Kerze jetzt aus. *(Er bläst seine Kerze aus.)*

3. Sprecher: *(zündet seine Kerze an)* Meine Kerze heißt Liebe. Sie spricht von dem, was Jesus den Menschen gepredigt hat. Er hat gesagt: »Liebe deinen Nächsten wie dich selbst!« Dieser Satz Jesu ist für viele Glaubende Ansporn zur Nächstenliebe geworden. Viele Menschen sind ehrenamtlich in ihren Gemeinden für andere tätig: z.B. durch Besuche bei Einsamen, als grüne Damen in Krankenhäusern, in der Hospizarbeit, in der Telefonseelsorge, im Einsatz für Hilfsbedürftige und vieles andere mehr.

4. Sprecher: Ich gebe dir recht. Es geschieht viel. Aber ich halte dagegen: Das alles ist viel zu wenig – verglichen mit dem, was es in unserer Gesellschaft an Negativem gibt. Ich halte den Satz von der sozialen Kälte in unserer Gesellschaft für richtig. Das Mobbing in Schulen und Unternehmen ist ebenfalls eine Realität. Unsere Gesellschaft ist nicht vom Ideal der Nächstenliebe geprägt. Und deshalb müssen wir auch deine Kerze ausblasen. Sie stimmt nicht mit unserer Wirklichkeit überein.

3. Sprecher: Aus diesem Blickwinkel betrachtet, stimmt das. Und deshalb blase auch ich jetzt meine Kerze aus. *(Er bläst seine Kerze aus.)*

4. Sprecher: *(zündet seine Kerze an)* Ihr habt eure Kerzen ausgeblasen. Ich habe hier die letzte Kerze. Es ist die Kerze der Hoffnung. Ich werde sie nicht auslöschen. Denn es gibt keinen Grund dafür. Die anderen Kerzen sind ausgeblasen worden, weil es einen Grund dafür gab. Und genau genommen, war es immer der gleiche Grund. Es war der Blick auf die harte Realität. Es war immer der Blick auf das Negative, der dazu geführt hat, dass die Kerzen ausgeblasen wurden. Damit wird eines deutlich: Es wird deutlich, was in uns abläuft: Die negative Sicht der Dinge gewinnt immer wieder die Oberhand. Das Ausblasen der Kerzen macht sichtbar, welcher Mechanismus immer wieder in uns abläuft. Das Licht der Kerze steht für das Positive. Das Ausblasen für das Negative. Das ausgelöschte Licht ist ein Zeichen dafür, dass wir immer wieder den Mut verlieren und vor der Macht des Faktischen resignieren.

Aber da ist jetzt noch meine Kerze der Hoffnung. Gott gibt uns die Hoffnung, dass sich sein guter Wille mit seiner Welt und uns Menschen am Ende durchsetzen wird. Und deshalb brauchen wir trotz allem, was wir an Dunklem sehen, die Hoffnung nicht sinken zu lassen.

2. Sprecher: Du meinst: Wir können immer wieder neuen Mut fassen?

4. Sprecher: Ja, die Hoffnung lässt uns – allen Enttäuschungen zum Trotz – immer wieder neu anfangen.

1. Sprecher: Dann will ich meine Kerze des Friedens jetzt an deiner Hoffnungskerze anzünden.
(Er zündet seine Kerze an der Hoffnungskerze an.)

2. Sprecher: Das gilt dann auch für die Kerze des Glaubens. Auch ich will meine Kerze wieder an der Hoffnungskerze anzünden.
(Er zündet seine Kerze an der Hoffnungskerze an.)

3. Sprecher: Gut, dass es die Hoffnungskerze gibt. Jetzt soll auch die Kerze der Liebe wieder leuchten.
(Er zündet seine Kerze an der Hoffnungskerze an.)

1. Sprecher: Jetzt haben die vier Kerzen am Adventskranz für mich eine ganz neue Bedeutung bekommen. Sie sind für mich ein Zeichen, dass Friede, Glaube und Liebe mithilfe der Hoffnung, die Gott uns schenkt, in unserer Welt immer mehr Fuß fassen können.

Advents- und Weihnachtsfensterbilder

In der Adventszeit haben wir mit den Kindern unseres Kindergottesdienstes und mit Jugendlichen großformatige Fensterbilder für das Gemeindehaus entworfen und gestaltet.

Zeitbedarf

Vier und mehr Wochen. Vor allem der Zeitbedarf für die Herstellung der Rahmen, die den Fensterrahmen angepasst waren, war erheblich und darf nicht unterschätzt werden (Alternative: kleinerer Rahmen, der auf die Scheibe aufgebracht wird). Allerdings braucht auch das sorgfältige Zuschneiden und Aufkleben des Transparentpapiers seine Zeit. Das Ergebnis jedoch lohnt den erheblichen Aufwand.

Arbeitsschritte

- Die infrage kommenden messianischen Weissagungen werden vorgelesen und ihre Aussage wird erklärt.
- Es ist hilfreich, sich vor der Umsetzung ein Kirchenfenster anzusehen. Dabei wird erläutert, dass es auf klare, abgegrenzte Formen ankommt und beim Arbeiten mit Transparentpapier das Aufbringen schwarzer Stege – wie für Bleiverglasung – entfallen kann.
- Der Rahmen für das Transparentpapier wird aus schwarzem Tonpapier hergestellt. Es wird von den Kindergottesdienstmitarbeiter/innen für das jeweilige Fenster des Gemeindehauses passend vorgefertigt. Dazu wird großformatiges Packpapier oder eine weiße Papierdecke ohne Prägungen abschnittweise auf den Fensterrahmen aufgelegt und mit Kreppklebeband so fixiert, dass der Rahmen abgezeichnet werden kann. Die Rahmenform wird ausgeschnitten, zusammengeklebt und als Schablone benutzt. Die Rahmenform wird auf das in passender Größe zusammengeklebte schwarze Tonpapier übertragen, anschließend ausschneiden. Alle weiteren Arbeitsschritte können nun von den Kindern und Jugendlichen mit Unterstützung der Mitarbeitenden vorgenommen werden.

— Entwürfe auf Papier im Kleinformat;
— Übertragung auf Papier im großen Originalformat;
— das weiße Transparentpapier für den Rahmen passend zuschneiden;
— Rahmen mit weißem Transparentpapier bekleben;
— Zuschneiden der farbigen Transparentpapiere nach der Vorlage;
— Aufkleben der Zuschnitte auf das weiße Transparentpapier mit Flüssigkleber;
(Bitte zuvor prüfen, ob die Transparenz nach dem Trocknen erhalten bleibt!)
— mit Kreppklebeband an den Fenstern aufhängen

Hinweis: Wir haben bei unseren sechs zweiflügeligen Fenstern keine Teilung des Fensterbildes vorgenommen. Auch das Oberlicht wurde in die eine große Rahmenform einbezogen. Die Fenster ließen sich dann allerdings nicht mehr öffnen.

Material

— Packpapierbögen oder weiße Papierdecken,
— Bleistifte, Kreppklebeband, Scheren,
— große Bögen weißes Transparentpapier,
— buntes Transparentpapier in nicht zu dunklen Farben,
— Klebstoff für den Rahmen,
— transparenter Flüssigkleber für das Transparentpapier,
— Klebeband zum Aufhängen.

Zu den Motiven
Gut geeignet sind die messianischen Weissagungen:

Vom Licht
Das Volk, das im Dunkel lebt, sieht ein helles Licht.
(Jesaja 9,1; Einheitsübersetzung)

Vom Kind, das geboren wird
Denn uns ist ein Kind geboren, ein Sohn ist uns geschenkt. Seine Herrschaft ist groß, und der Friede hat kein Ende.
(Jesaja 9, 5–6 in Auswahl; Einheitsübersetzung)

Vom Baumstumpf, der neu austreibt
Doch aus dem Baumstumpf Isais wächst ein Reis hervor, ein junger Trieb aus seinen Wurzeln bringt Frucht.
(Jesaja 11,1; Einheitsübersetzung)

Vom kostbaren Stein
So spricht Gott, der Herr: Seht her, ich lege einen Grundstein in Zion, einen harten und kostbaren Eckstein.
(Jesaja 28,16; Einheitsübersetzung)

Die Wüste soll blühen
Die Wüste und das trockene Land sollen sich freuen, die Steppe soll jubeln und blühen.
(Jesaja 35,1; Einheitsübersetzung)

Eine ebene Straße
Baut in der Steppe eine ebene Straße für unseren Gott. Jedes Tal soll sich heben, jeder Berg und Hügel sich senken.
(Jesaja 40,3–4; Einheitsübersetzung)

Vom Licht

Vom Kind, das geboren wird

Vom Baumstumpf, der neu austreibt

Vom kostbaren Stein

Die Wüste soll blühen

Eine ebene Straße

Bilder S. 50 und 51 von Dieter Witt

Weitere Motive

— Schwerter zu Pflugscharen (Jesaja 2)
— Das Bild vom Frieden: Der Wolf wohnt beim Lamm.
  Der Säugling spielt vor dem Loch der Natter.
  (Jesaja 11,6.8)
— Der Adventskranz
— Die Vorgeschichte von Weihnachten
— Motive der Weihnachtsgeschichte

Transparente Krippenfiguren

Der Adventskalender besteht aus 24 einzelnen transparenten Krippenfiguren, die im Laufe der Adventszeit bis Weihnachten ein stimmungsvolles Fensterbild ergeben. Die Originalfiguren sind ca. 34 cm hoch (z.B. Hirte oder Josef) und für große Fenster z.B. Gemeindehaus-, Wohnzimmer-, Schulklassen- oder Kindergartenfenster geeignet. In der kleineren Version sind die Figuren ca. 24 cm groß.

Die Vorlagen werden auf farbiges Tonpapier übertragen und ausgeschnitten. Der Rand bzw. die Kontur sollte ca. 1 cm breit sein (bei verkleinerter Vorlage entsprechend schmaler, z.B. bei 24 cm Größe ca. 7 mm).

Für die freien Flächen wird nun Transparentpapier in den jeweils entsprechenden Farben zurechtgeschnitten und von hinten angeklebt.

In der Adventszeit wird jeden Tag eine neue Figur (oder ein Baum, ein Stern, ein Schaf etc.) an das Fenster gehängt. So entsteht nach und nach ein dekoratives Krippenbild.

Man kann die Figuren mit den Kindern zusammen basteln (für den Kindergottesdienst, Schulklassen und Kindergruppen sehr gut geeignet) oder als Überraschung für die Kinder vorbereiten. An jedem Abend wird ein neues Bild aufgehängt. Die Kinder finden am nächsten Morgen heraus, welches Bild neu hinzugekommen ist. Gerade kleineren Kindern macht dieser »Weihnachtszauber« viel Spaß. Schnell wird daraus eine Adventstradition, die sich jedes Jahr wiederholen lässt. Denn, einmal gebastelt, können die transparenten Krippenfiguren viele Jahre eingesetzt werden.

Man sollte darauf achten, dass »schmückendes Beiwerk« wie z.B. Bäume, Sterne usw. sich mit interessanten Figuren wie Hirten, Engel, Maria, Josef ... abwechseln.
Das Jesuskind kommt natürlich erst an Heiligabend dazu.

Für den 6. Januar gibt es dann noch die Heiligen Drei Könige.

Kathrin Bräker

Vorlagen für die Krippenfiguren (siehe Seiten 53–59)

Stern *(rechte Seite oben)*
— gelber Karton
— gelbes Transparentpapier

Maria *(rechte Seite unten)*
— blauer Karton
— rotes Transparentpapier
— Gesicht: weißes Transparentpapier

Zeichnungen der Figuren von Dieter Kani
nach Vorlagen von Kathrin Bräker

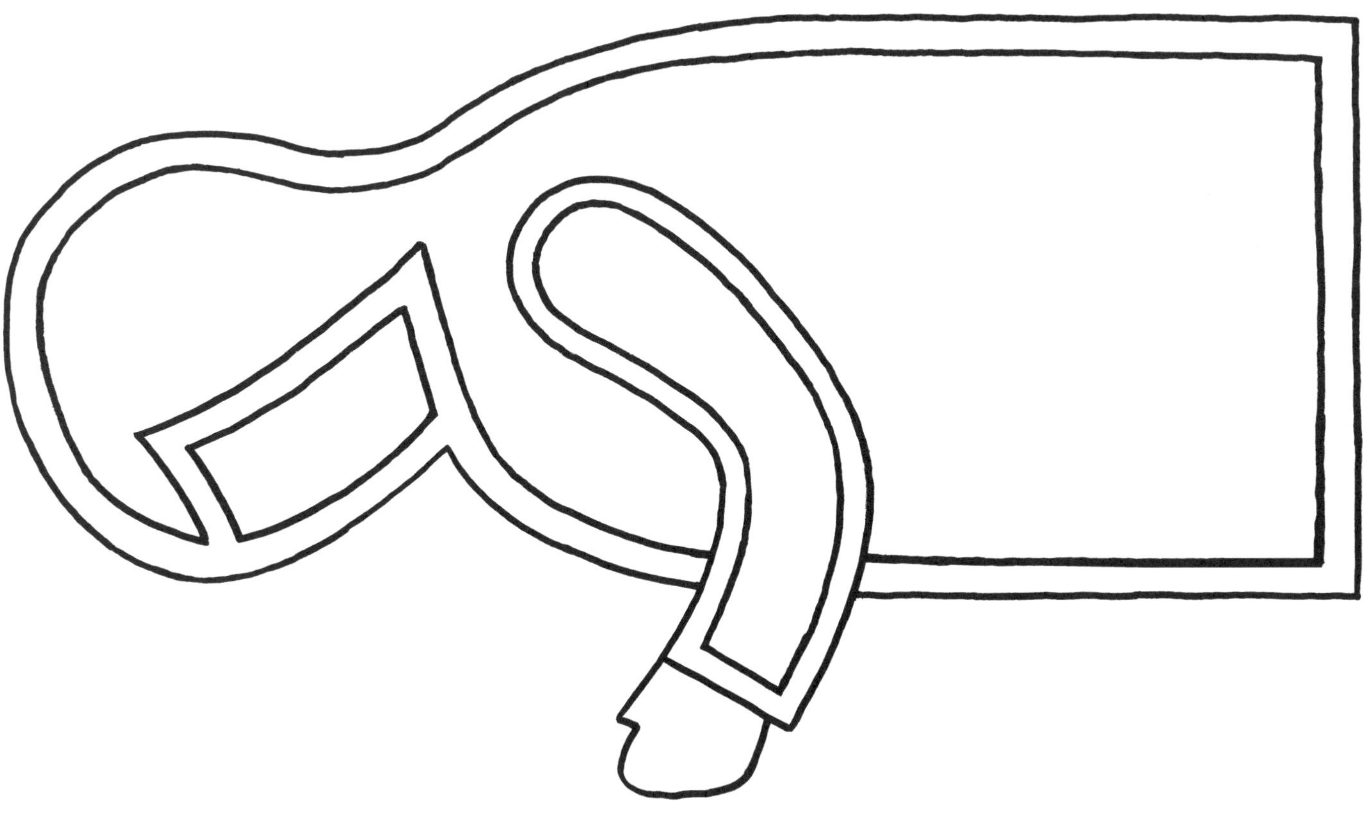

Jesuskind in der Krippe
— für Strohkrippe: gelber Karton und gelbes Transparentpapier
— für Jesus: weißer Karton und weißes Transparentpapier

Josef oder Hirte
— für Josef brauner, für Hirte grüner Karton
— für Josef blaues, für Hirte braunes Transparentpapier
— Gesicht: weißes Transparentpapier

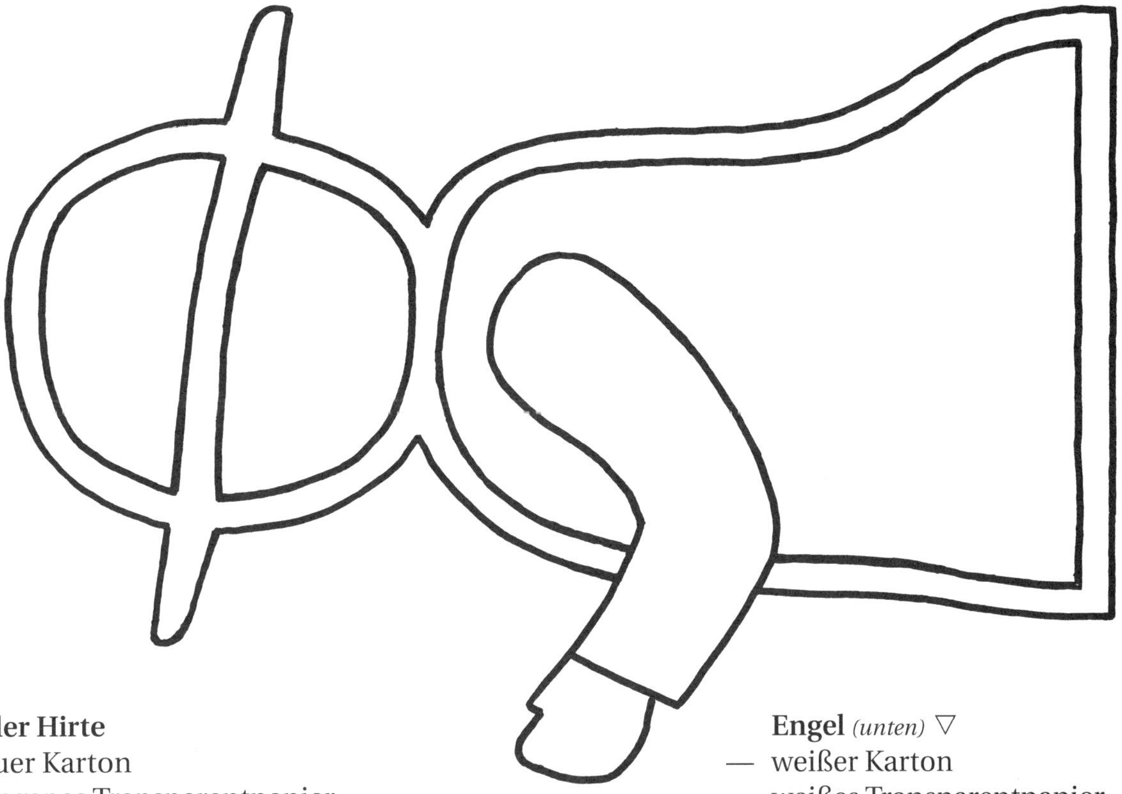

Kniender Hirte
— blauer Karton
— orangenes Transparentpapier
— Hut: braunes Transparentpapier
— Gesicht: weißes Transparentpapier

Engel *(unten)* ▽
— weißer Karton
— weißes Transparentpapier
— »Heiligenschein«: gelbes Transparentpapier
— für die Augen blaues und für den Mund rotes Transparentpapier

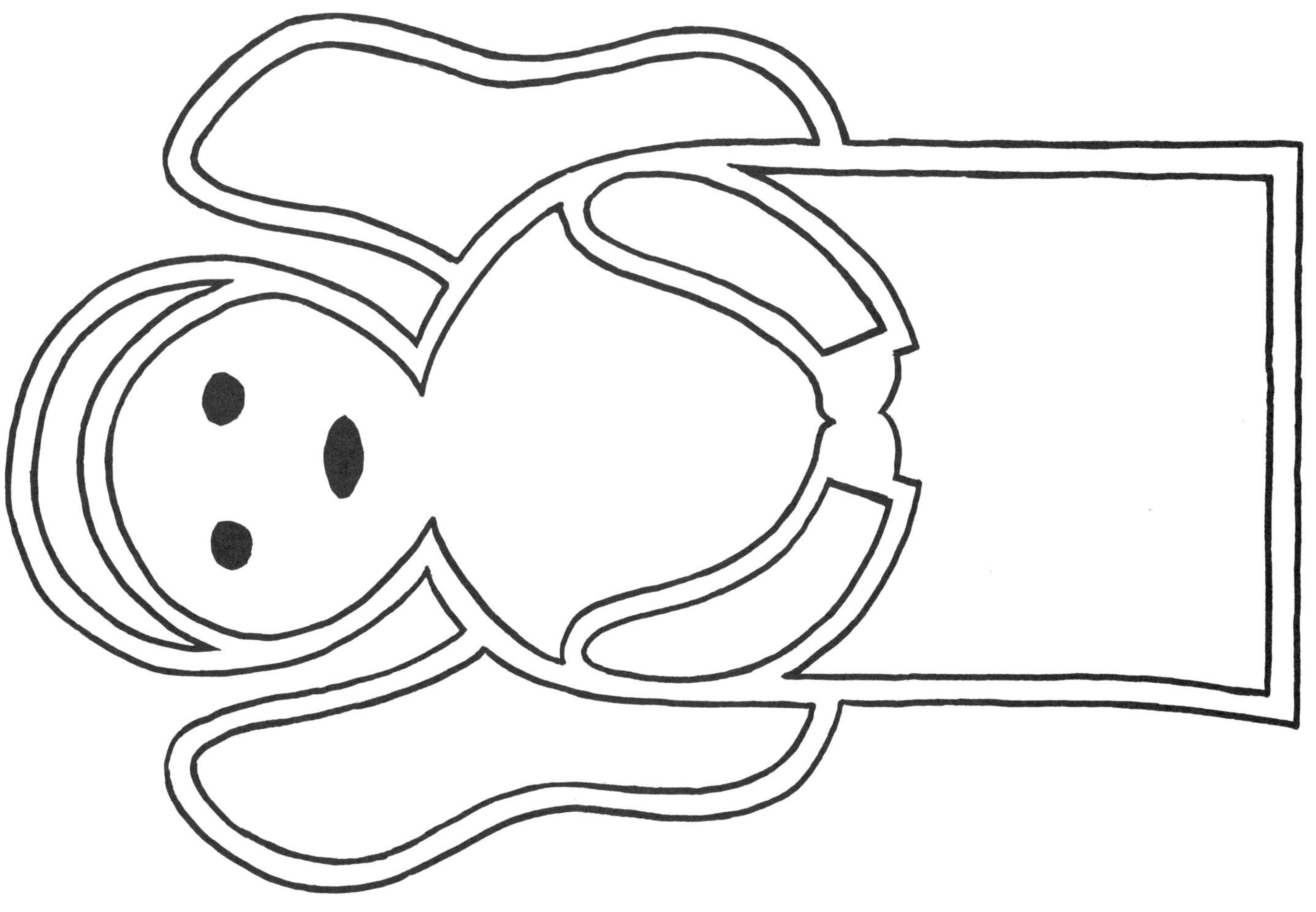

Esel
— grauer Karton
— weißes Transparentpapier

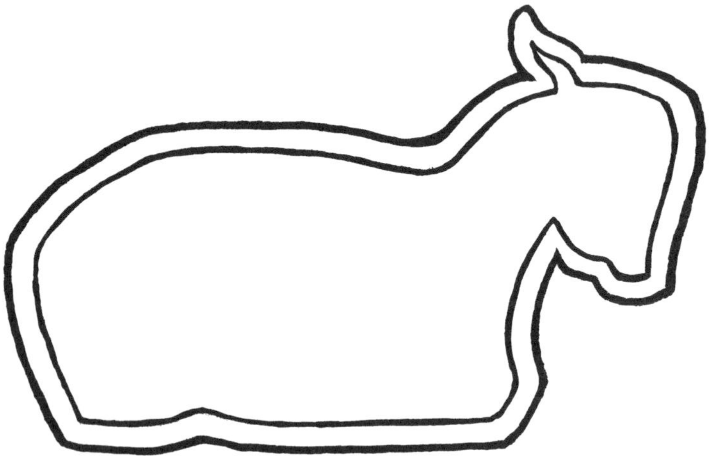

Ochse
— brauner Karton
— braunes Transparentpapier

Schaf
— weißer Karton
— weißes Transparentpapier

Mond und Stern
— gelber Karton
— gelbes Transparentpapier

Baum
— grüner Karton
— grünes Transparentpapier

1. König
— blauer Karton
— Körper: orangenes Transparentpapier
— Krone: gelbes Transparentpapier
— Gesicht: weißes Transparentpapier

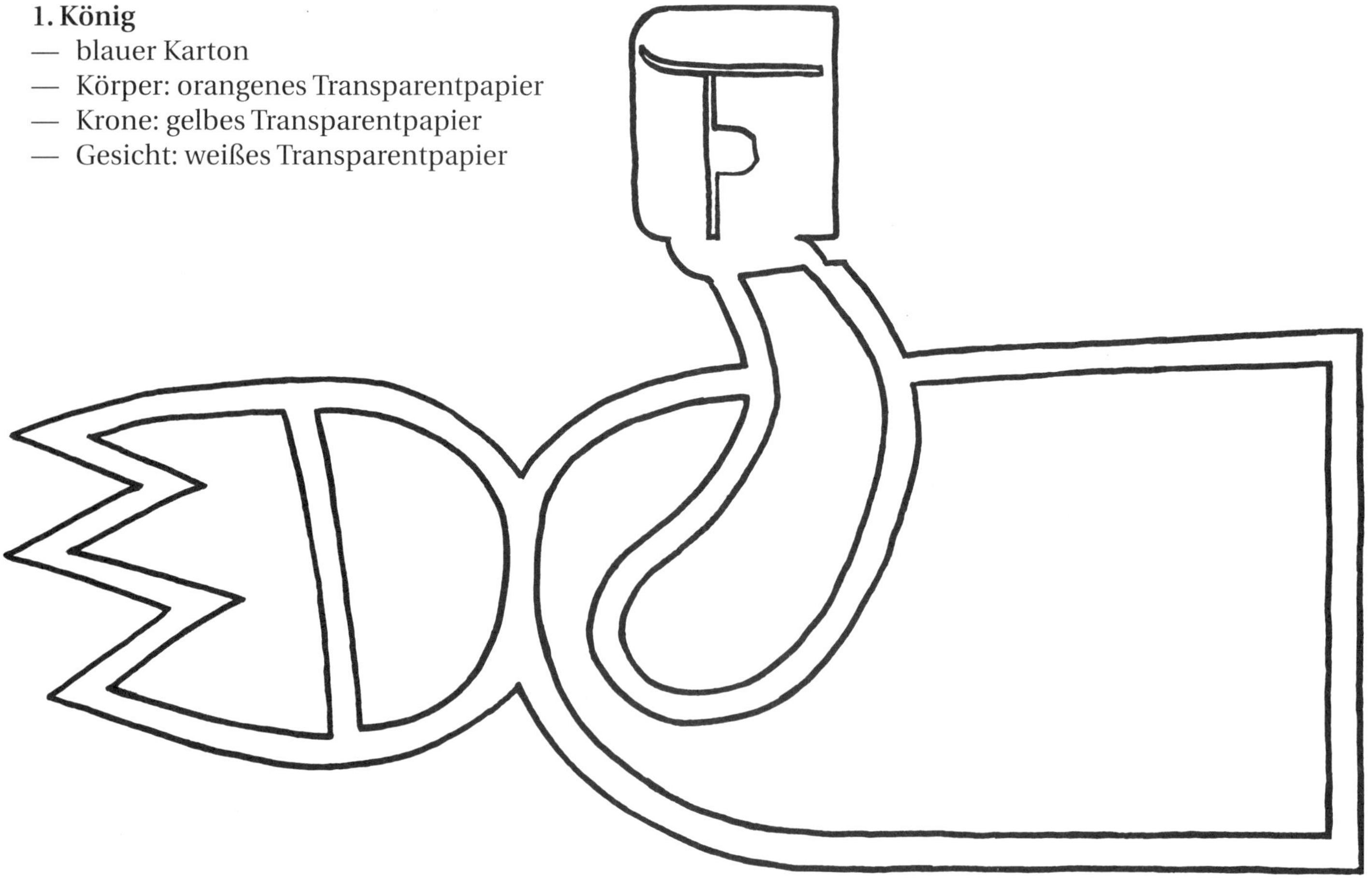

2. König
— roter Karton
— Körper und Krone: gelbes Transparentpapier
— Gesicht: weißes Transparentpapier

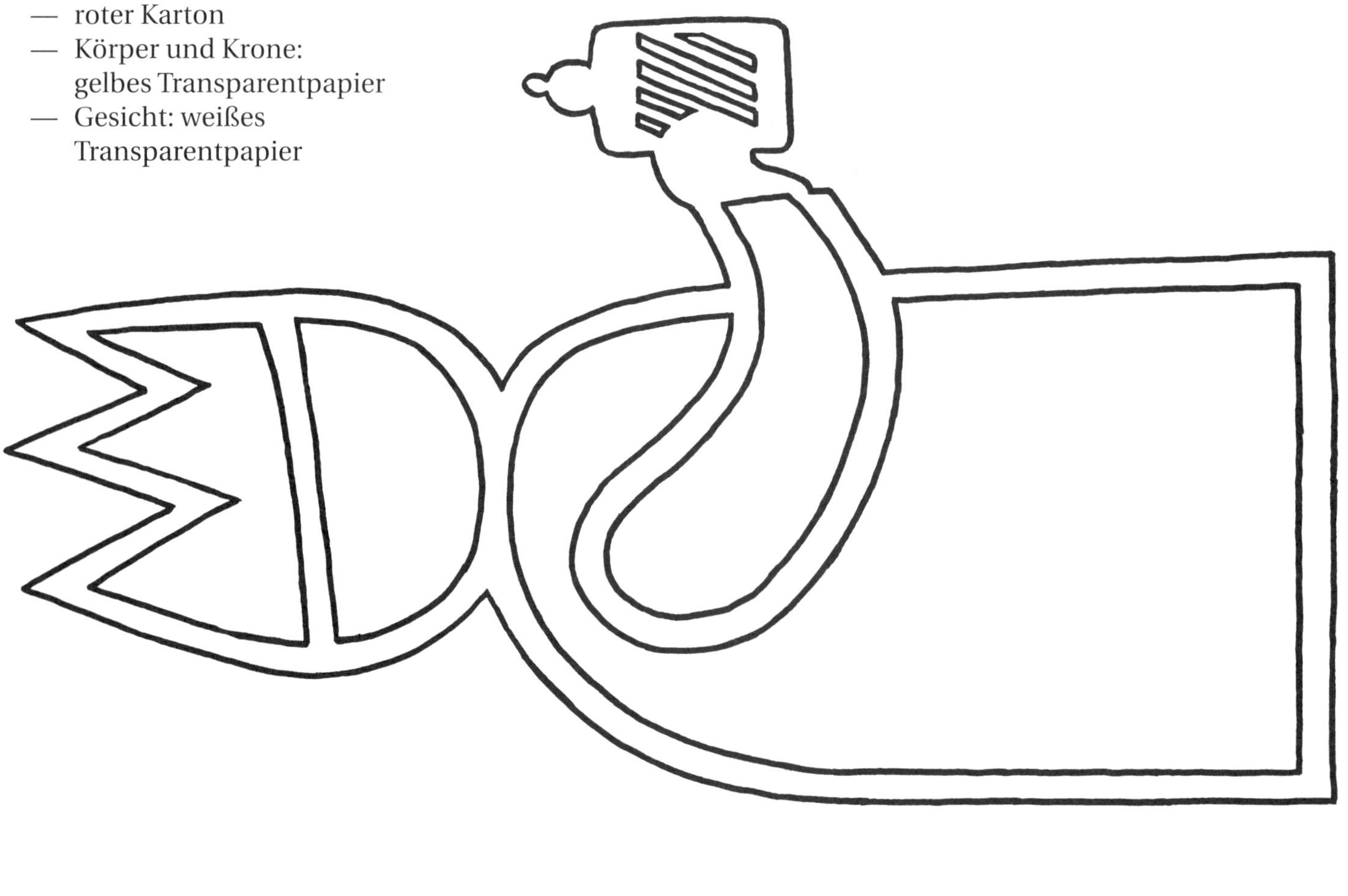

3. König
— gelber Karton
— Körper: hellgrünes Transparentpapier
— Turban: rosa Transparentpapier
— Gesicht: braunes Transparentpapier

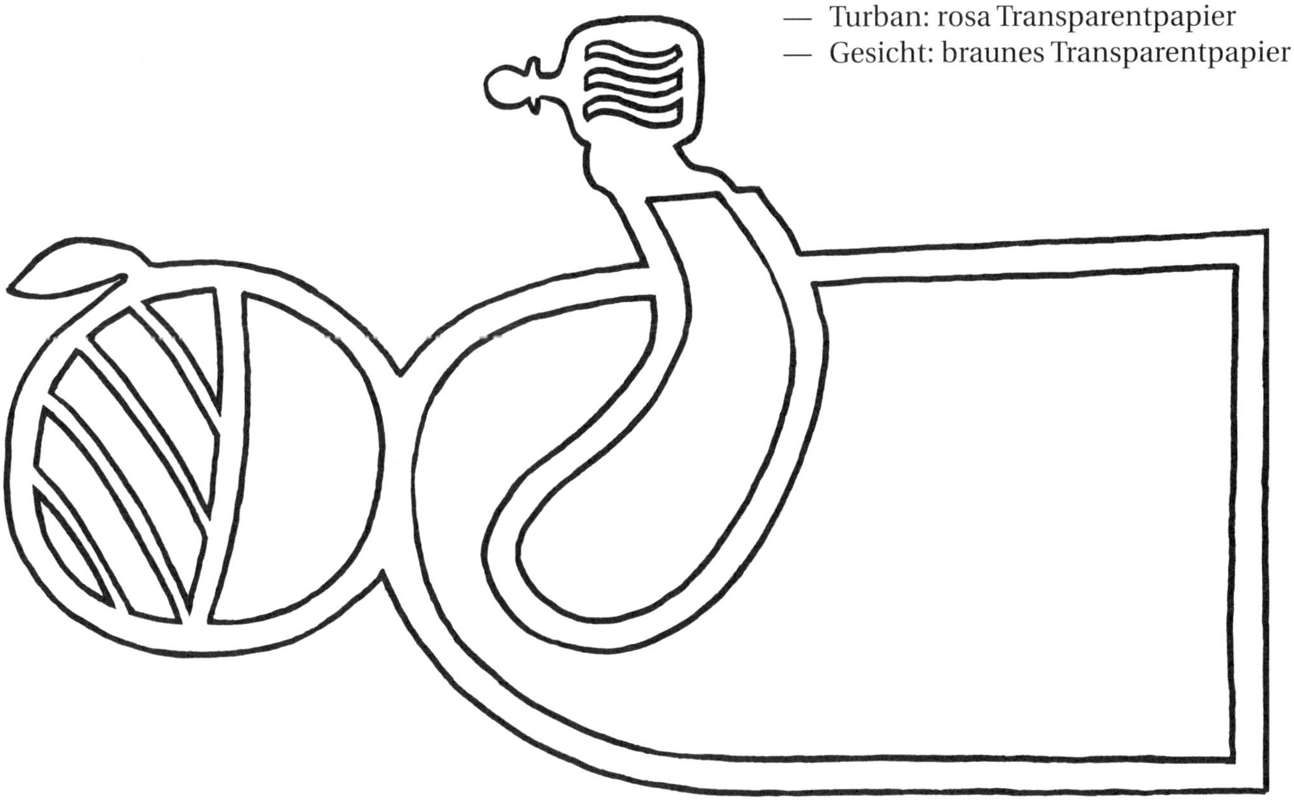

Die Stillen im Lande

Eine Meditation für den Gemeindebrief oder als Weihnachtsgruß für die Mitarbeitenden

Auf alten Weihnachtsbildern wird Josef manchmal mit einer Kerze in der Hand dargestellt. Mit der anderen Hand schützt er die Kerze gegen die Zugluft im Stall von Betlehem.

Dieses kleine Detail regt mich zum Nachdenken an. Josef hütet die Flamme für das Kind in der Krippe. Ob er schon ahnt, dass dieses Kind als Erwachsener einst das Bild des Lichtes verwenden wird, um seinen Auftrag in der Welt zu formulieren? »Ich bin das Licht der Welt!« So sagt es Jesus und beschreibt damit seinen Auftrag.

Er kommt in die Welt, um das Dunkel hell zu machen, das uns Angst und Sorge bereitet. Er kommt uns zum Trost und zur Hilfe. Er kommt um uns den Weg zu Gott zu weisen. Er kommt um uns Gottes Liebe zu zeigen.

Jesus wählt das Bild des Lichtes allerdings auch, wenn er unseren Auftrag als Christen beschreibt und sagt: »Ihr seid das Licht der Welt!«

Er gibt uns den Auftrag, Licht in die Dunkelheit zu bringen, so wie Josef es auf unserem Bild tut. Es ist eine fast rührende Darstellung! Eine kleine, dünne Kerze in der Hand des Josef! Ob die wohl viel ausrichten kann? Aber genau das ist es, was der Maler uns wohl sagen will: Ein Licht anzuzünden – das ist unsere Aufgabe – und wenn es auch ein noch so kleines Licht ist. Lichtbringer zu sein, ist sinnvoller als über die Dunkelheit zu klagen.

Ich möchte Ihnen an dieser Stelle danken für alle Mitarbeit in unserer Gemeinde! Vielleicht sind Sie ein Lichtbringer für manch einen Menschen gewesen, der einen Lichtblick nötig hatte: vielleicht durch einen Besuch, ein Gespräch, einen Telefonanruf. Ich weiß, dass vieles im Stillen geschieht, ohne an die große Glocke gehängt zu werden!

All dies, was im Stillen, aber segensreich geschieht, finde ich wieder in der Person des Josef. Er bekommt vom Maler des Bildes keinen Heiligenschein. Aber er ist Lichtbringer! Er ist ein Sinnbild für alle Stillen im Lande.

Rogier van der Weyden;
Tafel des Middelburger Altars
(Bladelin-Altar)
Staatliche Museen Preußischer
Kulturbesitz Berlin;
© bpk-Bildagentur für Kunst,
Kultur und Geschichte,
Bildnummer 00023948

Kontemplation und Aktion

Eine Meditation für den Gemeindebrief oder als Weihnachtsgruß für die Mitarbeitenden

Es fällt sofort ins Auge! Ein erstaunlich großer Teil dieses Altarbildes aus Lüneburg wird eingenommen von einer roten Decke. Maria greift mit ihrer Hand nach der Decke, um Jesus darin einzuhüllen. Die rote Decke ist sicher nicht zufällig so groß geraten.

Aber was will der Maler uns vor Augen führen? Eine Assoziation hilft mir weiter! Am Ende des Lebens Jesu wird uns auch von einem roten Mantel berichtet: Es ist der Purpurmantel, den die Soldaten Jesus umhängen, um ihn als König zu verhöhnen.

Nun ist Rot die königliche Farbe, zugleich aber auch die Farbe der Liebe. Jesus wird von Maria mit der roten Decke zugedeckt. Jesus ist – so scheint der Maler zu sagen – von Anfang an der König der Liebe, verkannt zwar und verhöhnt, aber er ist es.

Mich bestärkt bei dieser Deutung ein kleines Detail des Bildes. Sicher ist es kein Zufall, dass sich im Dach des Stalles ein Loch auftut. Die Dachsparren werden sichtbar. Sie bilden ein Kreuz. Wir finden hier also schon am ersten Tag seines Lebens den Hinweis auf Jesu Tod und den Sinn seiner Sendung zu uns Menschen: Er stirbt am Kreuz für unsere Erlösung von Schuld und Tod.

Mir ist an diesem Bild noch etwas anderes wichtig. Denn es zeigt die beiden Seiten unseres Glaubens – zwei Seiten, die unbedingt zusammengehören. Ich möchte ihren Blick noch einmal zu Maria lenken und anschließend dann zu Josef. Maria hält das Kind im Arm. Sie betrachtet es andächtig. Sie ist ganz aufmerksam für den, den sie geboren hat; für den, den sie nicht nur im Arm hält, sondern auch in ihr Herz geschlossen hat. Es heißt von ihr, dass sie die Botschaft im Herzen behielt und bewegte. Sich von der Botschaft anrühren zu lassen und sie im Innersten zu bewegen und zu bewahren – das ist die eine Seite des Glaubens. Maria verkörpert sie.

Das ist also das eine, das der Glaube tut! Das andere aber wird sichtbar an Josef. Josef wird tätig. Er kümmert sich um das Feuer und das Essen. Zu erkennen und tun, was nötig ist, das ist die andere Seite des Glaubens. In der Gestalt des Josef wird sie anschaulich.

Verkörpert Maria die kontemplative Seite des Glaubens, so sehen wir in Josef die Verkörperung eines Glaubens, der im praktischen Tun Gestalt gewinnt. Die Betrachtung des Heils und der aktive Einsatz für das Wohl der Menschen gehören untrennbar zusammen.

Ora et labora – bete und arbeite – mit diesen bekannten Worten haben sich die Mönche die Zusammengehörigkeit von Beten und Tun in ihrer Mönchsregel vor Augen geführt.

Ich weiß, dass in unserer Gemeinde beides geschieht: das Beten und Bedenken des Wortes Gottes im Herzen - aber auch der aktive Einsatz in der tätigen Nächstenliebe. Das eine geschieht vor allem in unseren Gottesdiensten, in Bibel- und Gesprächskreisen sowie im Lesen der Bibel und im persönlichen Gebet.

Das andere, das Engagement für die nahen und fernen Nächsten, geschieht bei uns in unterschiedlichster Weise. Es geschieht durch mitfühlende und tröstende Gespräche, es geschieht durch Mithelfen und Mitdenken in den vielen Arbeitsfeldern unserer Gemeinde; es geschieht in und für alle Generationen, es geschieht in diesen Weihnachtstagen durch unsere Aktion, Einsame am Heiligen Abend bis zur Christmette ins Gemeindehaus einzuladen, und durch vieles andere mehr.

Beten und Tun gehören zusammen – und manchmal kommt beides sogar zusammen vor: zum Beispiel, wenn bei einem Besuch an einem Krankenbett oder bei einem Sterbenden miteinander gebetet wird.

So möchte ich Ihnen für alle Mitarbeit in unserer Gemeinde danken und wünsche ihnen ein gesegnetes Weihnachtsfest!

Bild: Christi Geburt
Ehemaliger Altar »Die goldene Tafel«, um 1418
St. Michaelis Lüneburg, Niedersächsische Landesgalerie Hannover.
Zu bestellen bei: ars liturgica Kunstverlag, 56653 Maria Laach, Nr. 405973

Der Falke von Betlehem

Erzählpredigt in der Kindergottesdienstweihnachtsfeier

Die Idee zu dieser Geschichte gab das Geschenk für die Kinder: Im Anschluss an die Predigt bekommen die Kinder einen geschliffenen Kristall-Glasanhänger geschenkt, der ins Fenster gehängt werden kann. Er fängt bei Sonnenschein die Regenbogenfarben ein. Sie werden wie im Isenheimer Altar von Mathias Grünewald mit der Auferstehung in Beziehung gesetzt und als Zeichen der Auferstehung gedeutet.

Ein kleiner Falke saß hoch oben im Gebälk einer Scheune. Durch ein Loch in der Bretterwand war er vor der Kälte draußen ins Warme geflüchtet. Unter ihm kauten Ochse und Esel ihr Heu. Die Dämmerung war schon angebrochen, da wurde die Tür der Scheune aufgestoßen.

»Maria, hier können wir die Nacht über bleiben. Komm, setz dich und ruh dich aus!« »Josef, die Wehen werden immer heftiger. Bald ist es soweit.«

Und so geschah es, dass der kleine Falke dabei war, als Jesus geboren wurde. Von seinem Platz oben im Gebälk der Scheune konnte er alles beobachten: die Geburt und wie Jesus dann in Windeln gewickelt und in die Krippe gelegt wurde. Er sah die Hirten kommen und wieder gehen. Als dann viele Engel in den Stall geflogen kamen, wurde es eng oben im Gebälk und er drückte sich unauffällig in eine Ecke. Aus dem, was die Engel sagten, entnahm er, dass Jesus der Sohn Gottes sei. Da beschloss er, fortan bei Jesus zu bleiben.

Und so begleitete der Falke Jesus. Als Maria und Josef mit Jesus vor Herodes fliehen mussten, da flog der Vogel mit nach Ägypten. Als sie nach Nazaret zurückkehrten, sah er wie Jesus heranwuchs. Er sah, wie Jesus in der Werkstatt seines Vaters das Zimmermannshandwerk lernte. Der kleine Falke wuchs und wurde größer und auch Jesus wuchs heran. Er war jetzt so alt, dass Maria und Josef ihr Kind mit nach Jerusalem zum Tempel nahmen. Da hörte Jesus aufmerksam den Gesprächen der Erwachsenen zu. Der Falke saß heimlich dabei und war ganz erstaunt, wie Jesus sich an den Gesprächen beteiligte und was er alles über Gott wusste.

Einige Jahre später war Jesus erwachsen. Der Vogel erlebte, dass viele Menschen zu Jesus kamen, um zuzuhören, wenn er von Gott sprach. Der Falke bekam mit, dass einige Fischer und andere Menschen bei ihm blieben. Er sah, wie Bartimäus – der Blinde – sein Augenlicht wieder erhielt. Er sah, wie hungernde und arme Menschen ihre Hoffnung auf Jesus setzten.

Einmal saß er auf jenem Baum, unter dem Jesus sich ausruhte. Da hörte er auf einmal Kinderstimmen. Eltern kamen mit ihren Kindern.

»Wir möchten, dass Jesus unsere Kinder segnet!«, sagten sie zu den Freunden von Jesus. »Nein! Ihr könnt nicht zu ihm. Er will sich ausruhen. Da könnt ihr ihn nicht stören. Eure Kinder soll er segnen? Ja, das tut er sicher – aber ein anderes Mal. Nicht jetzt! Ihr habt doch gehört! Er darf jetzt nicht gestört werden!« Aber die Kinder gingen nicht weg. Sie blieben einfach da und ihre Eltern auch.

Inzwischen hatte Jesus den Lärm gehört. Er rief einen seiner Jünger zu sich: »Was ist da los?«

»Da sind Kinder mit ihren Eltern. Du sollst sie segnen, Jesus. Aber wir haben schon gesagt, das geht jetzt nicht. Wir schicken sie weg.«

Fast erschrak der Falke wie ärgerlich Jesus da wurde! »Was!? Wegschicken wollt ihr sie? Das kommt gar nicht in Frage! Gerade die Kinder verstehen viel von Gott – mehr als mancher Erwachsene. Kinder haben großes Vertrauen zu Gott. Ihr denkt viel zu gering von den Kindern. Wenn ihr in eurem Gottvertrauen nicht werdet, wie die Kinder, dann werdet ihr nicht in Gottes Himmel kommen. Ihr denkt: Kinder sind weniger wert als Erwachsene. Aber das ist nicht so: Ihr könnt viel von den Kindern lernen. Lasst die Kinder jetzt zu mir kommen. Ich werde sie segnen. Jetzt sofort. Hindert sie nicht daran, zu mir zu kommen!«

Mit diesen Worten wies er die Jünger zurecht und winkte die Kinder heran. Die Kinder scharten sich um ihn und er sagte: »Ich will euch die Hand auf den Kopf legen und euch segnen. Das ist ein Zeichen dafür, dass Gott euch lieb hat und euch schützt.«

Und er nahm sie in den Arm, legte ihnen die Hände auf den Kopf und segnete sie.

Der Falke hatte in seinem Baum alles gesehen und gehört. Jetzt flog er voller Freude hoch in die Luft.

Einige Zeit später aber wurde er sehr besorgt. Er wurde Zeuge, wie einer der Jünger Jesus verriet. Und dann kam es noch schlimmer. Der Falke saß auf einem der Ölbäume im Garten Gethsemane und musste mit ansehen, wie Jesus gefangen genommen wurde. Mit einem schrillen Schrei flog er dicht über die Köpfe der Soldaten. Aber die waren durch ihre Helme vor seinen Angriffen geschützt. Und so konnte er Jesus nicht helfen. Er sah, wie Jesus gekreuzigt wurde und es zerriss ihm fast das Herz. Voll Trauer setzte er sich auf einen Strauch, der nah beim Grab stand, in dem Jesus begraben wurde. Drei Tage lang saß er da voller Schmerz und Gram. Fast hätte er nicht bemerkt, dass früh am Morgen Frauen an das Grab Jesu kamen. Aber dann wurde er plötzlich aufmerksam. Er sah helles Licht und hörte die Stimme eines Engels: »Was sucht ihr den Lebendigen bei den Toten? Jesus ist auferstanden. Er lebt. Geht und sagt es seinen Jüngern!« Da sah er die Frauen voll Freude vom Grab weggehen, um den Jüngern zu sagen: »Jesus lebt. Er ist auferstanden!«

Plötzlich bemerkte er voller Staunen, wie für einen Augenblick alle Farben des Regenbogens am Himmel erschienen. Auch die Frauen sahen es. Er hörte die Frauen sagen: »Der Himmel leuchtet wie ein Regenbogen. Es sieht fast aus wie eine offene Tür. Bestimmt ist das ist ein Zeichen Gottes: Jesus lebt. Gott ist stärker als der Tod. Die Himmelstüre ist offen.« Da wurde der Falke so froh wie nie zuvor in seinem Leben. Er flog hoch in die Luft und stieß laute Freudenschreie aus.

Damit du manchmal an diese Geschichte erinnert wirst, sollst du jetzt etwas geschenkt bekommen. Es ist ein Stück geschliffenes Glas. *(zeigen!)*

Damit hat es eine besondere Bewandtnis: Wenn du es an dein Fenster hängst, und das Licht der Sonne fällt hindurch, dann kannst du in deinem Zimmer an den Wänden die Farben des Regenbogens sehen. Und dann kannst auch du daran denken: Gott ist stärker als der Tod. Und deshalb steht seit der Auferstehung Jesu für uns alle die Himmelstüre offen.

Hinweis:
Die geschliffenen Glasanhänger für die Kinder können über Bastelgeschäfte besorgt werden.

Die Kerzen der Sehnsucht

Abendandacht im Advent oder als Anfang oder Schluss einer Mitarbeiterweihnachtsfeier

(Während der Erzählung wird an verschiedenen Stellen in der Kirche jeweils eine Kerze entzündet. Wenn die Größe der Teilnehmerschar es zulässt, ist es auch möglich, die einzelnen Abschnitte der Geschichte an den jeweiligen Kerzenstationen zu erzählen.)

Vorbereitung

- Kirchenraum schwach erhellen (dimmen oder einige Teelichter anzünden).
- Vier große Kerzen an unterschiedlichen Orten der Kirche aufstellen.
- Wird die Form des Stationenweges gewählt, sollten an den Stationen – wenn möglich – Sitzgelegenheiten vorbereitet sein.
- Streichhölzer bereitlegen.
- Erzählung evtl. auf mehrere Erzähler verteilen.

Erzählung

(in Klammern die Vorschläge für die Einrichtung des Stationenweges)

(Am Ausgangspunkt)

Es geschah bald nach der Erschaffung der Welt und der Menschen. Da rief Gott einen Engel zu sich. Er sprach zu ihm: »Ich habe einen Auftrag für dich! Von nun an bist du einer der Engel, die die Menschen unsichtbar begleiten. Dein Auftrag besteht aber nicht darin, sie vor Gefahren zu beschützen. Das sollen andere Engel tun. Du bekommst von mir vier Kerzen. Mit denen hat es eine besondere Bewandtnis. Es sind die Kerzen der Sehnsucht. Mit jeder Kerze kannst du den Menschen eine bestimmte Sehnsucht ins Herz legen. Wenn die Menschen dann die Kerze anzünden, wird in ihnen jene Sehnsucht geweckt, die du dieser Kerze beigelegt hast. So, und nun geh zu den Menschen. Begleite sie! Schaue dir an, was sie tun! Erforsche, was sie denken! Und immer wenn es dir nötig erscheint, dann schenke ihnen eine Kerze der Sehnsucht.«

(1. STATION)

Da machte sich der Engel auf den Weg zu den Menschen. Sie lebten glücklich und zufrieden in jenem Garten, den Gott für sie geschaffen hatte. Das hätte auch so bleiben können. Aber dann geschah es. Der Mensch nahm die Frucht von dem Baum, von dem Gott ihnen verboten hatte zu pflücken. Da sah der Engel plötzlich die Zukunft der Menschen offen vor sich liegen. Sie hatten eine Grenze überschritten. Er wusste: Nun gäbe es kein Halten mehr. Sie würden maßlos werden. Ohne Rücksicht würden sie mehr und mehr haben wollen. Von nun an würden sie die Natur ausbeuten. Sie würden die Luft und das Wasser verschmutzen.

Dem Engel war klar: Jetzt hatten sie sich selbst aus dem Garten des Lebens, wo sie glücklich waren, ausgeschlossen und damit das Todesschicksal auf sich gezogen.

Doch der Engel empfand Mitleid mit den Menschen. Sie sollten sich wenigstens an diese Zeit erinnern und sich nach ihr sehnen können. So gab er den Menschen eine seiner Kerzen. Sie sollte in ihnen die Sehnsucht wecken und wach halten nach einem Leben, das nicht vergeht.

Er gab ihnen die Kerze der Sehnsucht nach dem Garten des Lebens.

(Die erste Kerze anzünden.)

(2. STATION)

Der Engel ging weiter über die Erde. Er bemerkte, wie unwirsch die Menschen miteinander umgingen und immer unfreundlicher zueinander wurden. Viele dachten nur noch an sich selbst. Er erschrak, wie wenig sie füreinander da waren. Es schien ihm, als würde die Welt in dem Maße kälter, in dem die Lichter der Städte heller wurden. Er beobachtete, wie zwei Brüder in Streit gerieten. Ein Wort gab das andere. Da nahm einer der Brüder einen Stein und erschlug den anderen. Er ließ seinen Bruder liegen und ging davon. Da wusste der Engel, das würde von nun an so weitergehen. Die Menschen würden vor Gewalt und Krieg von nun an nicht mehr zurückschrecken. Das machte den Engel betrübt. Und er überlegte, was er tun könne, damit die Menschen wieder liebevoller miteinander umgingen. Da dachte er an seine Kerzen. Eine weitere Kerze würde ihnen helfen. So gab er den Menschen die Kerze der Sehnsucht nach Liebe und Frieden. Immer wenn sie diese anzündeten, sollte der Wunsch nach Liebe und Frieden ihre Herzen beseelen.

(Eine zweite Kerze anzünden.)

(3. STATION)

Der Engel schaute sich weiter auf der Erde um. Aufmerksam betrachtete er das Treiben der Menschen. Er sah, wie sie immer neue Fertigkeiten und Fähigkeiten entwickelten. Er freute sich, dass sie immer neue Erfindungen machten. Aber eines Tages sah er, wie sie anfingen, einen riesigen Turm zu bauen. Er hörte sie sagen: »Der Turm soll bis in den Himmel reichen. Eines Tages wird uns nichts mehr unmöglich sein.«

Da wusste der Engel: Sie werden immer mehr forschen und erfinden, Segensreiches und Unheilbringendes. Und er sah voraus, dass sie nicht davor zurückschrecken würden, Unheilbringendes nicht nur zu konstruieren, sondern auch anzuwenden. Als der Engel noch darüber nachdachte, was er für die Menschen tun könne, merkte er, dass Gott den Menschen ein Zeichen gab, indem er den Turm zerstörte. Da schöpfte der Engel Hoffnung, dass die Menschen das Zeichen Gottes verstünden. Aber es waren nur wenige, die verstanden, was Gott ihnen damit sagen wollte. Das erschreckte den Engel zutiefst.

Da dachte er wiederum an seine Kerzen. Und er gab den Menschen die Kerze des Verantwortungsgefühls. Immer wenn sie diese Kerze anzündeten, dann sollte der Wunsch in ihnen Macht gewinnen, Segensreiches zu bewirken.

(Die dritte Kerze anzünden.)

(4. STATION)

Der Engel ging weiter über die Erde. Da hörte er, wie in einer Familie die Mutter und ihr Lieblingssohn Pläne machten, wie sie den Erstgeborenen um sein Erstgeburtsrecht und um den Segen des Vaters und sein Erbe bringen könnten.

Geschickt fädelten sie die Sache ein: Ein Linsengericht, eine Tierhaut, die den blinden Vater täuschte und schon gab dieser seinen Segen dem Falschen.

Da wusste der Engel, dass Täuschung und Übervorteilung fortan selbst in den Familien zu finden sein würden. Er ahnte, dass Verlässlichkeit und Vertrauen in Familie und Gesellschaft immer weniger die verbindlichen Werte sein würden. Er sah voraus, dass nun viele Familien auseinanderbrechen würden, und ihm graute vor den Folgen vor allem für die Kinder.

Da beschloss er, den Menschen noch eine Kerze zu geben: die Kerze der Ehrlichkeit, eine Kerze, die Vertrauen und Verlässlichkeit in ihnen stärken würde.

(Die vierte Kerze anzünden.)

(Im Altarraum)

So ging der Engel noch eine ganze Weile über die Erde, und wenn es ihm nötig schien, dann gab er den Menschen seine Kerzen der Sehnsucht. Schließlich fühlte er sich müde. Er machte sich auf den Rückweg in den Himmel. Aber da kam ihm eine Schar Engel entgegen.

»Sei uns gegrüßt!«, rief ihm der Erzengel Gabriel zu. »Gott, der Allerheiligste, lässt dir sagen, du hast deinen Auftrag gut erfüllt. Gott hat beschlossen, dass er jetzt den Menschen auf eine ganz unglaubliche Art und Weise helfen will. Er selbst will ihnen zeigen, wie sie die Sehnsüchte, die du ihnen ins Herz gelegt hast, in Wirklichkeit verwandeln können. Er selbst kommt als Kind zur Welt. Er lebt als Mensch unter den Menschen und teilt ihr Schicksal. Er erklärt ihnen Gottes Willen und seinen Plan. Und wenn er zu seinem Vater zurückgekehrt ist, dann sollen deine Kerzen der Sehnsucht und alle anderen Kerzen, die sie anzünden, sie immer wieder an Gottes Willen erinnern und daran, dass sie Gutes denken und tun sollen.«

Unser Engel machte ein verdutztes Gesicht: »Und das soll funktionieren?«

»Ja! Gottes Sohn wird Gutes und Segensreiches unter ihnen wirken, ihnen Ehrlichkeit und Verlässlichkeit vorleben. Er wird ihnen die Himmelstür zum Garten des Lebens wieder öffnen. Komm mit uns, dann wirst du sehen, was der Allerheiligste tut. Aber erschrick nicht, wie arm und gering Gott zu den Menschen geht.«

Der Engel spürte jetzt keine Müdigkeit mehr. Er reihte sich in die Schar der Engel ein, die ihm entgegengekommen waren. Endlich erreichten sie ihr Ziel. Da sah er, wovon der Erzengel Gabriel gesprochen hatte. Es war wirklich ein armseliger Anblick. Ein Stall, eine Krippe mit einem Kind, das in Windeln gewickelt war. Davor ein Mann und eine Frau. Wenn Gabriel es ihm nicht gesagt hätte, hätte er nicht geahnt, dass der Allerheiligste selbst in diesem Kind den Menschen zu Hilfe kam. Ja, die Ratschlüsse Gottes waren oft unergründlich – das hatte er schon oft gedacht.

Aber zugleich wusste er, dass die Kerzen der Sehnsucht und all die anderen Kerzen, die zur Weihnacht angezündet werden, vielen Menschen zeigen würden, dass in diesem Kind Gott selbst zu finden sei. Und er wusste, dass die Kerzen der Sehnsucht fortan Menschen befähigen würden, für die Verwirklichung all ihrer Sehnsüchte in Worten und Taten einzutreten.

Er wusste, dass der Glaube an das Kind in der Krippe Menschen zu mehr Frieden, zu mehr Liebe und Ehrlichkeit, zu mehr Verantwortungsgefühl und Verlässlichkeit fähig machen würde. Und er wusste, wenn das geschieht, dann wird sich endlich auch ihre Sehnsucht nach dem Garten des Lebens erfüllen. Mit diesen Gedanken kehrte er mit den übrigen Engeln in den Himmel zurück. Jedes Jahr zur Weihnacht aber schaut er zur Erde und wünscht sich nichts sehnlicher, als dass die Kerzen der Sehnsucht immer mehr Menschen zum Guten verwandeln.

Der kleine Engel mit den ungleichen Flügeln

Eine Geschichte zum Vorlesen

(Die Geschichte wurde aber auch als Weihnachtsgruß zum Lesen verschickt. Beigefügt wurde entweder die Zeichnung oder ein getöpferter Engel mit ungleichen Flügeln – siehe Seite 72 und 73.)

»Warum weinst du, kleiner Engel?«, fragt der Erzengel Gabriel und beugt sich zu ihm herunter. Wie ein Häufchen Elend hockt der kleine Engel da. Tränen laufen ihm über das Gesicht: »Sie haben mich ausgelacht. Sie haben wieder über meine ungleichen Flügel gelästert!« Gabriel legt beruhigend seine Hand auf die Schultern des weinenden Engels: »Von wem bist du ausgelacht worden?« Dem kleinen Engel schießt ein neuer Schwall Tränen aus den Augen: »Die anderen aus dem Engelchor!«

Gabriel reicht dem kleinen Engel ein Taschentuch: »Jetzt wisch dir erst einmal die Tränen ab! Und dann nehme ich dich mit zu Petrus. Der kann dir nämlich etwas zu deinen ungleichen Flügeln sagen. Viel weiß ich zwar nicht darüber. Nur soviel: Es hängt mit einem besonderen Auftrag zusammen, den du bekommen wirst. Ich habe da so eine Andeutung gehört. Auf jeden Fall werde ich den Chorengeln die Leviten lesen! So irdisch darf es im Himmel nicht zugehen. So etwas unterirdisch Unwürdiges – hätte ich fast gesagt!«

Ein wenig später sitzt der kleine Engel Petrus gegenüber. Der lässt ihn erst einmal ein Glas Himmelslimonade mit Nektar und Ambrosia trinken. Als er sieht, wie sich das kleine Engelgesicht allmählich aufhellt, beginnt er zu sprechen: »Mit deinen ungleichen Flügeln hat es eine besondere Bewandtnis. Schon in wenigen Tagen wirst du den Auftrag bekommen, dich zu den Menschen aufzumachen. Sie und ihre Lebenswelt haben sich verändert. Es gibt jetzt viel Stress da unten. Vielfach geht es hektisch zu. Auch der Egoismus hat zugenommen. Und natürlich muss der Himmel auf all das und auch auf die neuen technischen Möglichkeiten der Menschen reagieren. Wir arbeiten auf verschiedenen Ebenen daran. Das betrifft auch euch Engel und eure Aufgaben. Und jetzt komme ich auf deine ungleichen Flügel zu sprechen. Dein kleiner Flügel ist nur wenig verändert worden. Aber dein großer Flügel ist völlig neu konzipiert worden. Du sollst beide Flügel unter Realbedingungen testen. Wundere dich nicht, wenn dadurch das Fliegen auf der Erde für dich nicht so elegant geht wie bisher. Wir haben in Kauf genommen, dass die Flugeigenschaften momentan nicht mehr optimal sind. Uns kommt es zunächst auf etwas anderes an. Finde auf der Erde heraus, ob die Funktionen der Flügel sich automatisch einschalten und ob sie wirkungsvoll sind. Wir erwarten dann einen genauen Bericht von dir. Aufgrund deines Berichtes werden wir prüfen, ob wir Verbesserungen vornehmen müssen. Wann wir dich zur Erde schicken, bekommst du rechtzeitig mitgeteilt. Und nun trink deine Limonade aus und geh wieder zurück zu den anderen Engeln!«

Ganz benommen von all diesen Eröffnungen verabschiedet sich der kleine Engel von Petrus. Auf dem Weg zu den anderen spürt er ein klein wenig Stolz in sich aufsteigen. Eines weiß er jetzt ganz sicher: Wegen seiner ungleichen Flügel werden sie ihn fortan nicht mehr ärgern können. In den nächsten Tagen widmet sich der kleine Engel ausgiebig der Pflege seiner Flügel. Dann ist es soweit. Der Erzengel Gabriel ruft ihn zu sich: »Petrus hat dir schon erklärt, worum es geht. Beachte bitte noch dies: Du wirst für die Menschen unsichtbar sein. Geh zu ihnen! Du wirst spüren, wo du gerade jetzt in der Weihnachtszeit gebraucht wirst. Achte vor allem auf die Funktionen des großen Flügels! Da brauchen wir detaillierte Rückmeldungen von dir! Aber das weißt du ja schon! Und nun ab mit dir zur Erde!«

Auf der nächsten Sternschnuppe, die vorbeifliegt, rutscht der kleine Engel mit den ungleichen Flügeln zur Erde hinab. Bald findet er sich auf der Straße einer großen Stadt wieder. Er ist kaum ein paar Schritte gegangen, da sieht er neben sich ein Kind losrennen, das den Bus auf der anderen Straßenseite noch erreichen will. Es achtet nicht auf den Lieferwagen, der sich nähert, und läuft auf die Fahrbahn. Da zuckt es im kleinen Flügel des Engels. Er breitet ihn aus, soweit es nur geht – er wundert sich, wie weit das geht – und hält ihn zwischen das Auto und das Kind. In diesem Augenblick quietschen die Bremsen und das Kind springt erschrocken zurück auf den Bürgersteig. Der Fahrer des Lieferwagens beugt sich aus dem Fenster und ruft: » Da hast du aber einen Schutzengel gehabt! Pass demnächst besser auf!«, und fährt davon.

Der kleine Engel beschließt, ein Stück aus der Stadt heraus zu fliegen. Es kostet ihn einige Mühe die Richtung zu halten, aber schließlich gelingt es. Über einem alten Steinbruch spürt er ein Zucken in seinem großen Flügel. Er sieht eine Gruppe von jungen Männern, die in Motorradjacken gekleidet sind und neben ihren Maschinen stehen. Er landet dicht neben dem, der offensichtlich der Wortführer ist. Der Engel sieht, wie der Mann sein Handy aus der Tasche zieht. Er hört, wie er den Anführer einer anderen Gruppe lautstark mit Schimpfworten überhäuft und sich zu einer Schlägerei verabreden will. In dem Augenblick, wo der Name des Ortes genannt werden soll, spürt der Engel einen heftigen Ausschlag seines rechten Flügels. Da rauscht das Handy plötzlich so laut, dass der Anführer es weit weg vom Ohr hält. Er versucht es erneut, aber wieder passiert das Gleiche. Der Anführer flucht, die anderen probieren es jetzt mit ihren Handys. Aber auch bei ihnen stellt sich im entscheidenden Moment die Störung ein. Unter lautem Schimpfen besteigen schließlich alle ihre Motorräder und fahren weg. Der kleine Engel ist erstaunt. Dass sein Flügel Handys beeinflussen kann, hätte er nicht erwartet. Er freut sich, dass sein Flügel eine Schlägerei verhindern konnte und denkt bei sich: »Wie ich Petrus kenne, hat mein Flügel da bestimmt für eine Dauerwirkung gesorgt. Ihre Handys werden sicher ganz einwandfrei funktionieren – nur nicht dann, wenn sie sich zu einer Schlägerei verabreden wollen. Das wird ihnen hoffentlich zu denken geben! Immerhin sind ihre Knochen heute durch meinen großen Flügel heil geblieben!«

Der kleine Engel verlässt den Steinbruch und erhebt sich in die Luft. Das Fliegen geht jetzt schon besser. Bald erreicht er die nächste Stadt. Er sieht wie zwei Frauen eine Schnellgaststätte betreten. Irgendetwas zieht ihn zu den Frauen hin und er folgt ihnen. Sie holen sich ein Getränk und etwas zu essen, bezahlen und setzen sich an einen freien Tisch. Sie unterhalten sich. Sie scheinen Freundinnen zu sein. In der Nähe der beiden Frauen sitzen zwei Männer. Offenbar sind sie nicht mehr ganz nüchtern. Immer lauter und heftiger werden ihre Stimmen. Die Frauen bitten sie, leiser zu sein. Aber die Männer reagieren unwirsch: »Was geht Sie das an!«, herrscht der eine sie an. »Das muss jetzt geregelt werden!«, ruft der andere ihnen entgegen. Unversehens fängt da die ältere der beiden Freundinnen an zu weinen: »Warum sind die denn so grob zu uns? Ich halte das nicht mehr aus!« – »Komm!«, sagt da die Jüngere. »Wir gehen!« Sie stehen auf und verlassen das Schnellrestaurant. In einem Park setzen sie sich auf eine Bank, die in der Sonne steht. Hier ist es nicht allzu kalt und der Straßenlärm ist nur schwach zu hören. Eine Weile spricht keine der beiden Frauen. Die Weinende hat inzwischen ihre Fassung wieder gefunden. Da blickt die Jüngere sie an und sagt: »Ich glaube, du bist sehr abgespannt. Deshalb haben die beiden Männer dich eben so aufgeregt! Ich vermute, es hat einen Grund, dass dir ihre Grobheit so unter die Haut gegangen ist: Du bist mit deinen Kräften am Ende! Wie viele Jahre pflegst du jetzt schon deinen Mann?« – »Bald drei Jahre!«, lautet die leise vorgebrachte Antwort! – »Merkst du nicht, wie das allmählich über deine Kräfte geht? Das schaffst du alleine nicht mehr!« Die Freundin widerspricht zaghaft: »Na ja, morgens kommt der Pflegedienst. Und dann habe ich da auch noch die Nachbarin, die jetzt bei ihm ist! Aber das geht natürlich nur für ein paar Stunden – so wie heute. Und dann muss ich wieder da sein!«

Da zuckt es plötzlich im großen Flügel des kleinen Engels. Er merkt, dass der Flügel sich wie von selbst zu der jüngeren Frau hinbewegt und hört sie sagen: »Weißt du, mir kommt da gerade ein Gedanke. Was hältst du von meinem Vorschlag: Wir gehen morgen in ein Reisebüro. Du buchst einen Kurzurlaub irgendwo an der See oder in den Bergen, jedenfalls etwas, wo du ausspannen kannst. Und ich übernehme für diese Zeit die Pflege deines Mannes. Wenn du zurück bist, dann geht es dir bestimmt wieder besser. Dann sehen wir weiter! Der Pflegedienst muss jedenfalls öfter kommen! Und du darfst dich nicht mehr gegen Hilfe wehren und alles alleine machen wollen!«

Der kleine Engel spürt, wie die Ältere zögert. Als es wieder in seinem Flügel zuckt, beobachtet er, wie in ihr die Bereitschaft wächst, das Angebot der Freundin anzunehmen: »Kannst du das denn – die Pflege übernehmen? Seine Pflege ist nicht einfach!« – »Ja, sicher!«, bestätigt die Jüngere. »Schließlich habe ich damals auch meine Mutter gepflegt. Du musst mir nur zeigen, was ich besonders beachten muss! Dein Mann müsste natürlich einverstanden sein.« Die Ältere entgegnet: »Das ist er bestimmt. Er kennt dich ja. Und das würdest du wirklich für uns tun?!« Die Jüngere nickt: »Ja, allerdings nicht als Dauerlösung!«

Da verlässt der kleine Engel die beiden Frauen. Er ist noch gar nicht weit gekommen, als ihm der Duft von Glühwein in die Nase steigt. Er folgt dem Duft und kommt zu einem Weihnachtsmarkt. Der kleine Engel mischt sich unter die Besucher. An einem Stand werden Holzschnitzereien angeboten. Der kleine Engel interessiert sich vor allem für die Engelfiguren und muss unwillkürlich lächeln: So stellt ihr Menschen euch also die Engel vor! Dabei sehen wir Engel oft ganz anders aus. Sogar Engel ohne Flügel gibt es. Ihr wisst wohl gar nicht, in wie vielen unterschiedlichen Gestalten wir euch begegnen können! Nur manchmal ahnt ihr etwas davon, wenn wir euch in euren Seelen berühren.

Als der kleine Engel sich genug auf dem Weihnachtsmarkt umgesehen hat, kommt er in eine Einkaufsstraße. Sie ist voller Menschen. Sie schleppen Taschen, pralle Rucksäcke und Pakete. Viele sind in Eile. Aus den Geschäften schallen Weihnachtslieder auf die Straße und mischen sich mit den Straßengeräuschen und den Stimmen der Vorüberhastenden. Der kleine Engel lässt sich im Strom der Menschen eine Weile treiben. Da wird er aufmerksam auf einen Mann und eine Frau. Sie sind an einer Straßenecke stehen geblieben. Der Mann stöhnt: »Was ist das für eine Hektik! Sollen wir uns nicht irgendwo hinsetzen und einen Kaffee trinken?«

»Nein, ich muss noch das Geschenk für Cornelia besorgen. Aber – ich überlege gerade – das kann ich auch alleine tun! Geh du doch schon einmal in

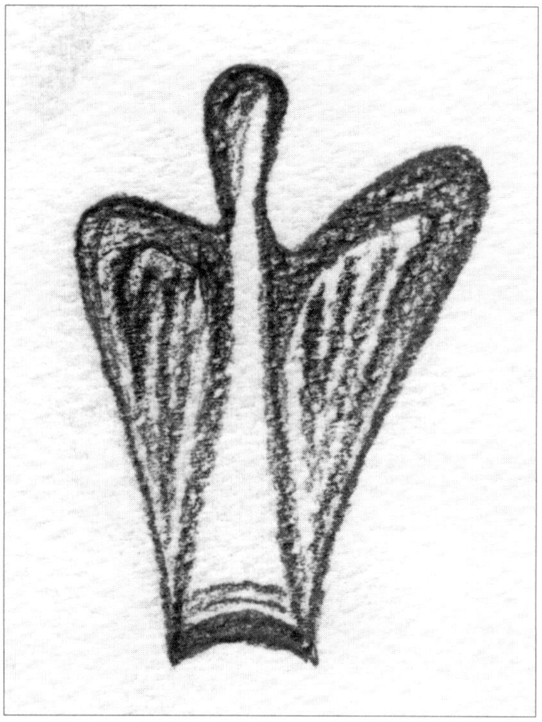

Zeichnung: Dieter Witt,
Rechte beim Autor

das Cafe! Du weißt schon, wo wir letztes Mal waren. Ich komme dann nach!« Sie gehen in unterschiedliche Richtungen auseinander.

Der kleine Engel folgt dem Mann. Warum gerade ihm, weiß er nicht so recht. Aber nach einer Weile sieht der kleine Engel eine Kirche. Da beginnt sein großer Flügel so stark zu zucken wie noch nie zuvor. Jetzt hat auch der Mann die Kirche gesehen. Widerwillen steigt in ihm hoch. Der Engel weiß plötzlich, warum das so ist. Denn so als ob der Mann zu ihm gesprochen hätte, hat der Engel seine Gedanken hören können. Seit mehr als zwanzig Jahren hat der Mann kein Gotteshaus mehr betreten. Das letzte Mal war es die Kapelle des Friedhofs. Das war damals bei der Beerdigung seines einzigen Kindes, eines Mädchens. An Leukämie war sie gestorben – nur 5 Jahre alt. Seither hat er mit Gott gehadert. Bis zum heutigen Tag hat er sich nicht mit dem frühen Tod seiner Tochter abfinden können. Da bemerkt der kleine Engel, dass sein Flügel die Seele des Mannes sanft berührt und zart streichelt. Verwundert beobachtet der Engel, was nun geschieht. Der Mann geht tatsächlich auf den Eingang der Kirche zu. Er öffnet die Türe und tritt ein. Der Engel schlüpft neben ihm in den dämmrigen Kirchenraum. Es riecht ein wenig nach Weihrauch. Der Mann setzt sich in eine Kirchenbank. Der Engel spürt seinen Flügel jetzt noch stärker. Er merkt, wie die Ruhe des Raumes sich in der Seele des Mannes ausbreitet, der jetzt den Kopf gesenkt hält und ganz gesammelt wirkt. Es geht etwas in ihm vor. Sein Gesichtsausdruck wird weicher. Tränen steigen ihm in die Augen. Der Engel folgt einer plötzlichen Eingebung: Er breitet seinen großen Flügel über dem Kopf des Mannes aus, spürt die Kraft, die sich von seinem Flügel herabsenkt, und verharrt eine ganze Weile unbeweglich. Nun hebt der Mann den Kopf. Sein Blick bleibt an den vielen Kerzen haften, die in der Seitenkapelle brennen. Er steht auf und geht auf die Seitenkapelle zu, zunächst noch zögernd, dann mit langsamen, aber bestimmten Schritten. Er wirft Geld für eine Kerze in den Opferstock. Er zündet die Kerze an und stellt sie zu den anderen Kerzen. Lange steht er in Gedanken versunken da und blickt auf die brennende Flamme. Der Engel spürt, dass das Anzünden der Kerze es im Herzen des Mannes hat heller werden lassen. Er weiß, dass dort von jetzt an behutsam innerer Friede einkehren und weiter wachsen wird.

Der kleine Engel löst seinen Blick von dem Mann. Er ist sich ganz sicher, dass er in diesem Augenblick seinen himmlischen Auftrag erfüllt hat. Als er aus der Kirche tritt, ist es mittlerweile dämmrig geworden. Der Engel hebt seinen Blick zum Himmel. Da blinzelt ihm ein heller Stern zu. Und ehe der kleine Engel sich versieht, rutscht er auf dem Strahl des Sternes geradewegs nach oben. Schon steht er Petrus gegenüber. »Du hast deinen Auftrag gut erfüllt, soweit wir das von hier aus beobachten konnten!«, lobt ihn Petrus. »Aber nun berichte ganz genau: Was hast du denn über deine ungleichen Flügel herausgefunden. Ich bin sehr gespannt!«

Lange erzählt der kleine Engel von allem, was er erlebt hat. Petrus will ihn schon verabschieden, da sagt der kleine Engel: »Mir ist da in der Kirche noch etwas aufgefallen! Es war zwar niemand außer dem Mann und mir da. Aber der Kirchenraum war über und über angefüllt mit den Gebeten und den Wünschen der Menschen: Sie haben so viele Wünsche! Mehr als nach allem anderen sehnen sie sich nach Frieden. Sie sehnen sich gleichermaßen nach innerer Erfüllung. Sie sehnen sich nach mehr Gerechtigkeit in der Welt, um nur einiges zu nennen. Aber sie sehnen sich noch nach unendlich Vielem mehr! Ich hatte das Gefühl meine Flügel müssten sehr viel größer sein und noch viel mehr können!«

Petrus lächelt nur: »Wir kennen die Wünsche der Menschen! Wir arbeiten jetzt vor allem daran, dass sie selbst erkennen, was sie bei sich selbst ändern müssen, was sie in ihrem Umgang miteinander und was sie im Blick auf ihre Umwelt ändern müssen. Wir geben ihnen dazu immer neue Anstöße auf sehr unterschiedliche Weisen. Deine ungleichen Flügel und ihre Fähigkeiten sind nur ein winziger Teil all unserer Maßnahmen. Sieh, du bist nur ein kleiner Engel. Du kannst und musst nicht alles in Ordnung bringen, was in der Welt nicht stimmt. Dazu braucht es viele Engel. Engel, die größer sind als du. Aber sei beruhigt: Wir statten sie gerade mit Spezialflügeln für neue Aufgaben und neue Aufträge aus. – So! Und jetzt ruh dich aus! Du bist müde. Später wartet dann eine neue Aufgabe auf dich!«

»Hat die auch etwas mit meinen ungleichen Flügeln zu tun?«, will der kleine Engel wissen. Petrus nickt: «Ja, aber sie wird spezieller sein. Du wirst bei nur einem Menschen bleiben. Den darfst du dann begleiten. Für den sollst du da sein. Wer das sein wird, wirst du in deinen Flügeln spüren, wenn wir dich wieder zur Erde schicken! Und jetzt geh und erhole dich erst einmal!«

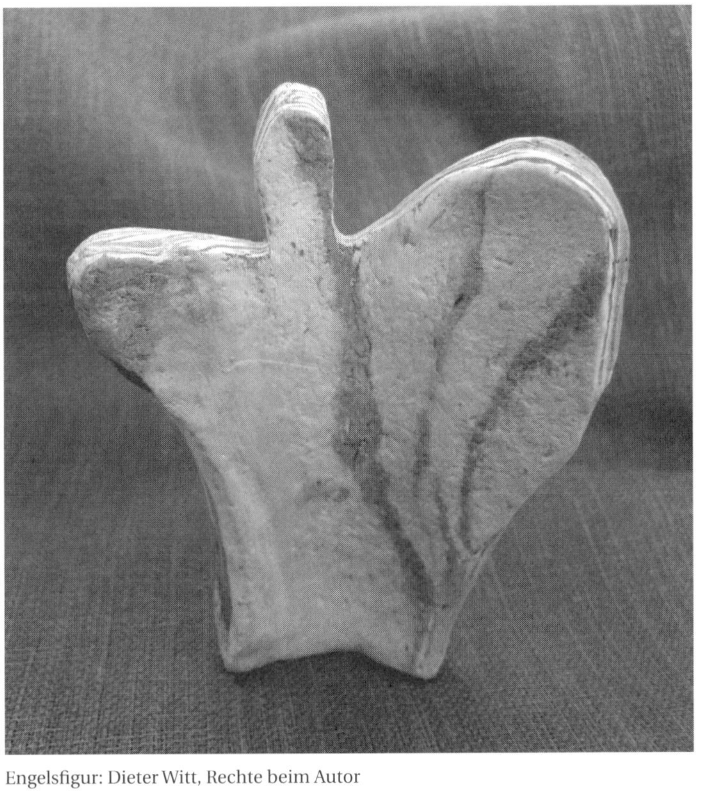

Engelsfigur: Dieter Witt, Rechte beim Autor

3. Weihnachtsgottesdienste

Messianische Weissagungen

*Ein weihnachtliches Materialprojekt mit Jugendlichen**

Vorbemerkungen

Thema: Messianische Weissagungen aus dem Buch Jesaja

Aktion: Die einzelnen Bibelworte werden in Gruppenarbeit zu gemeinsamen Legebildern ausgestaltet.

Zielgruppe: Jugendgottesdienst

Material: Streichhölzer, drei Kerzen und ein Tuch für Kerzenritus, Baumstumpf für den Erzähler. Für die Gruppenphase: Weihnachtskrippenfiguren, vier farbige Schals, Wurzel, Tannenzweige, Strohsterne, Vogelsand, Edelsteine, Steine, Schalen oder Tabletts, kleine Harken, Baumstumpf, Blumen, Bindedraht, Steine, Zapfen etc. in ausreichender Menge für die erwartete Besucherzahl, große und kleine Kerzen, große Tonpapierbögen, Klebstoff, Papier und Stifte, viele Teelichter.

— Einige wenige Teelichter anzünden, die den Kirchenraum spärlich erleuchten.
— Bank- oder Stuhlkreis im Eingangsbereich der Kirche mit Tuch und drei Kerzen als Mitte.
— Messianische Texte einzeln im Format DIN A4 oder DIN A5 ausdrucken:

- Doch aus dem Baumstumpf Isais wächst ein Reis hervor, ein junger Trieb aus seinen Wurzeln bringt Frucht. (Jesaja 11,1; Einheitsübersetzung)
- Das Volk, das im Dunkel lebt, sieht ein helles Licht. (Jesaja 9,1; Einheitsübersetzung)
- Seht her, ich lege einen Grundstein in Zion, einen harten und kostbaren Eckstein. (Jesaja 28,16; Einheitsübersetzung)
- Denn uns ist ein Kind geboren, ein Sohn ist uns geschenkt. Seine Herrschaft ist groß und der Friede hat kein Ende. (Jesaja 9,5-6 i.A.; Einheitsübersetzung).

— Auf einer freien Fläche im Kirchenraum werden vier Segmente von der Mitte ausgehend durch schmale farbige Schals abgeteilt. In jedes Segment werden eine leere Schale und eine der ausgedruckten messianischen Weissagungen gelegt.
— Tische mit dem benötigten Material aufstellen.

Ablauf

(Die Gottesdienstbesucher werden am Eingang begrüßt. Sie werden mit der Bitte um Stille in den von Kerzen schwach erleuchteten Gottesdienstraum zu einem Platz im Stuhlkreis begleitet.)

Leise meditative Musik von der CD oder live mit Gitarre

Begrüßung

Herzlich willkommen zu unserem Jugendgottesdienst. Wir haben vor, mit euch eine Zeitreise zu unternehmen. Es ist eine Reise, die uns in eine Zeit führt, die Jahrhunderte vor der Geburt Jesu liegt. Und doch stammen aus dieser Zeit Worte eines Propheten, die immer wieder auf Jesus hin ausgedeutet wurden. Diese Worte wollen wir in diesem Gottesdienst kennenlernen und in einer besonderen Form miteinander gestalten.

Lied: Weil Gott in tiefster Nacht erschienen (EG 56; EH 194; LJ 54)

* Gestaltet nach Motiven einer Vorlage, die nicht mehr ausfindig zu machen war.

Eingangswort mit Kerzenritus

Wenn wir Gottesdienst feiern, denken wir an Gott.

Er hat die Welt und alle Pflanzen, Tiere und Menschen geschaffen.
Wir zünden die **erste Kerze** an.

Wenn wir Gottesdienst feiern, denken wir an Jesus.

Er hat vielen Menschen geholfen. Er hat viel Gutes getan. Wenn wir Gottesdienst feiern, dann ist er bei uns, auch wenn wir ihn nicht sehen.
Wir zünden die **zweite Kerze** an.

Wenn wir Gottesdienst feiern, denken wir an Gottes Heiligen Geist.

Er gibt uns Kraft und macht uns Mut.
Wir zünden die **dritte Kerze** an.

So feiern wir unseren Gottesdienst im Namen Gottes, des Vaters, und des Sohnes und des Heiligen Geistes. Amen.
Unsere Hilfe steht im Namen des Herrn, der Himmel und Erde gemacht hat.
Der Herr sei mit euch!

Psalm (nach Psalm 27 in EG 778)

Kehrvers *(gemeinsam gesprochen)*

Gott ist unser Licht und Heil,
vor wem sollten wir uns fürchten?

Gott gibt uns Kraft und Mut,
wovor sollten wir Angst haben?
Wenn etwas auf uns zukommt,
drohend und gefährlich,
dann verlieren wir nicht den Mut.

Gott ist unser Licht und Heil,
vor wem sollten wir uns fürchten?

Wenn wir meinen, wir schaffen es nicht,
dann denken wir daran, dass Gott uns hilft.
Gott, sei du immer bei uns,
dann sind wir nicht allein.

Gott ist unser Licht und Heil,
vor wem sollten wir uns fürchten?

Amen.

Eingangsgebet

Heiliger Gott,
du willst zu uns kommen.
Hilf, dass wir bereit sind für dein Kommen.
Öffne unsere Herzen für deine Liebe,
auf dass unser Leben durchdrungen wird
von deiner Wirklichkeit.
Amen.

Lied: Von guten Mächten (EG 65; LJ 61 andere Melodie: DS 164; EH 123; LJ 62 – jeweils Strophen 1,5,6)

Erzählung

(Erzähler/in sitzt einem Baumstumpf gegenüber.)

Lange schon waren sie in der Fremde. Aus der Heimat waren die Hebräer fortgeschleppt worden. Viele Jahre waren seitdem vergangen. Sie sehnten sich zurück. Niedergeschlagenheit hatte sich in ihren Herzen festgesetzt. Auch der Prophet Jesaja war davon nicht verschont geblieben. Da saß er nun alleine am Ufer des Flusses. Ein schwacher Wind bewegte die Blätter der Weidenbäume über ihm. In trübe Gedanken versunken saß er da und merkte nicht, wie es immer dämmriger wurde. Als er den Kopf hob, war der Baumstumpf vor ihm nur noch schwach zu sehen. »Ja!«, ging es ihm durch den Kopf. »So wie dieser abgehauene Baumstumpf dort drüben, so ist es jetzt um das Volk Gottes bestellt. Nichts mehr ist da von der alten Kraft des Glaubens. Abgestorben ist ihre Glaubenskraft – so wie dieser Baumstumpf, der kaum noch zu erkennen ist.«

Die Dunkelheit griff weiter um sich. Auch seine Gedanken wurden immer düsterer: Gewalt und Unrecht, wohin man sieht! Unfrieden ist in der Welt. Ach, wenn die Menschen doch Frieden halten könnten! Es müsste einer kommen, der sie ändert. Es müsste einer kommen, der ihre Herzen erreicht und sie friedfertig werden lässt. Es müsste einer kommen, der sie auf den Weg der Liebe und Barmherzigkeit führt.

»Es wird ihn geben!« Hatte da einer zu ihm gesprochen? »Es wird ihn geben!«, wiederholte die Stimme. – Kein Zweifel! Atemlos hörte Jesaja zu. »Du kennst den Vater von David, Isai. Einer aus seinen Nachkommen wird es sein. Er, der den Frieden in die Herzen der Menschen pflanzt, wird geboren werden. Friedefürst wird sein Name sein. Sieh den Baumstumpf vor dir an: So wie ein abgehauener Baumstumpf neu austreibt, so wie er Zweige bekommt, so wie er anfängt Blätter zu haben und zum Blühen kommt, so wird *der* geboren werden, der in den Menschen die Hoffnung wachsen und groß werden lässt. Das Volk, das im Dunkeln wandert, sieht ein helles Licht. Denn wie ein Reis aus dem Baumstamm wächst, so wird er geboren werden, den ich lieb habe. Ja, ich habe ihn lieb. Er ist mein Ein und Alles. Aber ich gebe ihn den Menschen zum Geschenk, das sie froh machen soll. Ich gebe ihn den Menschen, so wie man einen kostbaren Stein schenkt. So wird es geschehen, zu eurer Rettung!«

Die Stimme schwieg. War es Gott, der da gesprochen hatte? So wie damals im Tempel, als Gott das erste Mal zu ihm sprach? Stumm saß Jesaja da. Leise

sprach er die Worte von eben vor sich hin: »Wie einen kostbaren Stein … Licht im Dunkeln … Er, der Frieden in die Herzen der Menschen pflanzt, wird kommen.« Der Prophet versuchte seine Gedanken zu ordnen. Was hatte das zu bedeuten? Als sei es eine Antwort auf seine Frage rissen plötzlich die dunklen Wolken auf und das Licht des Mondes fiel auf den Baumstumpf.

Was war denn das? Hatte der Baumstumpf sich verändert? Oder hatte er es eben nur nicht bemerkt? Der Baumstumpf hatte jetzt grüne Zweige und Blätter! Wie dem auch sei! Es schien ihm wie ein Zeichen: So als wollte Gott sein Wort bekräftigen. Im zarten Licht des Mondes stand Jesaja auf und machte sich mit festen Schritten auf den Weg zurück zu den Hütten der Hebräer. Er fühlte – die Stimme am Fluss hatte ihm neuen Mut gemacht. Neuen Mut – den wollte er nun auch den anderen machen – und neue Hoffnung, die sie so nötig brauchten.

Lied: Ein Licht geht uns auf (DS 212; LJ 344 – Strophen 1+2)
(Dabei zünden einige Jugendliche Teelichter an, die den Kirchenraum jetzt gut ausleuchten.)

Gruppenphase: Materialprojekt

(Alle begeben sich zur freien Fläche in der Mitte des Gottesdienstraumes.)

Einleitung

Es sind Hoffnungsbilder, die der Prophet den Menschen damals und uns heute vor Augen stellt. Es sind Hoffnungsbilder, die ihre Gültigkeit bis heute bewahrt haben. Zum Teil haben sie sich erfüllt. Zum Teil warten sie noch darauf, dass immer mehr Menschen sie mit Gottes Hilfe Wirklichkeit werden lassen. Wir haben für euch Material vorbereitet, mit dem ihr diese Hoffnungsbilder nun gestalten könnt, sodass es eure Hoffnungsbild-Gestaltungen werden.

Arbeitsauftrag

In jedem der vier Bodenfelder findest du eine große Schale und einen Ausdruck der messianischen Weissagungen. Bitte lies sie dir durch. Überlege dir, welche der Weissagungen dich so anspricht, dass du sie zusammen mit anderen gestalten möchtest. Versucht, dass die Gruppen etwa gleich groß sind. Es ist so gedacht, dass ihr in eurer Schale eine »Landschaft« passend zu der Weissagung gestaltet, sodass es euer Hoffnungsbild wird. Sollte die Schale für die Gestaltung nicht ausreichen, dann klebt ihr einige große Tonpapierbögen zusammen und gestaltet auf ihnen weiter. Schreibt abschließend zu eurer

Fotos Seite 76 und 77: Dieter Witt

Landschaft auf einem Blatt Papier noch in großer Schrift einen Titel oder eine kurze Erläuterung. Legt es mit dem ausgedruckten Bibelvers zu eurer Hoffnungsbild-Gestaltung.

(Die Gruppen finden sich nach Neigung zusammen und gestalten ihren Bibelvers.)

Die Gestaltungsphase endet mit einem Wandelgang um die entstandenen Materialprojekte und dem Vorlesen der aufgeschriebenen Texte.

Lied: Ein Licht geht uns auf (DS 212; LJ 344 – Strophen 3 + 4)

Schlussgebet

Guter Gott,
lass uns nicht im Dunkeln!
Schenke uns das Licht deiner Liebe!
Hilf uns Licht anzuzünden, wo die Finsternis regiert.
Hilf uns Liebe zu üben, wo man sich hasst.
Gott, mache uns zu Werkzeugen deiner Liebe.
Amen.

Vaterunser

Lied: Mache dich auf und werde Licht (DS 136 – dort mit Vorschlag für Lichtertanz; EG RT; EH 91; LJ 451)

(Dabei nimmt sich jede/r eine der verschiedenen Weihnachts-Postkarten, die mit Segenswünschen versehen sind, aus dem Körbchen. Siehe Auswahl auf der rechten Seite.)

Segensworte (Eine Auswahl auf der rechten Seite)

(Segenszuspruch: Die ausgewählte Karte bringt jeder, der persönlich gesegnet werden möchte, zum Liturgen/zur Liturgin an den Altar und bekommt den Segen durch Handauflegung zugesprochen.)

Schlusssegen *(für alle)*

Geht hin im Frieden des Herrn:
Gott segne euch! Er halte schützend seine Hände über euch
und schenke euch seinen Frieden.
Es segne und behüte euch Gott, der Allmächtige und Barmherzige,
der Vater und der Sohn und der Heilige Geist.
Amen.

Gott segne dich!
Möge das, was du tust, segensreich sein.
Möge das, was du an Plänen hast,
dir gelingen.
Gott behüte dich.
Amen.

Gottes Segen stärke dich für deinen Weg.
Gottes Segen umhülle dich,
damit du nie ohne Schutz bist.
Gottes Liebe leite und begleite dich.
Gott segne dich.
Amen.

Gott sei mit dir.
Er stärke dich mit seiner Kraft.
Er bewahre dich in seiner Liebe.
Gottes Segen komme zu dir
und bleibe bei dir.
Amen.

Gott behüte dich vor Angst und Gefahr.
Er schenke dir ein mitfühlendes Herz
und helfende Hände.
Gottes Segen sei mit dir!
Amen.

Gott segne dich und behüte dich,
er begleite dich überall hin, wo du bist.
Gott segne dich mit seiner Liebe,
damit du mit vollen Händen davon
weitergeben kannst.
Amen.

Geh in diese Nacht und in die
kommenden Tage im Vertrauen darauf,
dass du auf allen Wegen, die du gehst,
nicht allein gelassen,
sondern begleitet bist von Gottes Segen.
Gottes Segen komme zu dir
dich stärkend und dir Mut machend.
Amen.

Gott sei vor dir,
um dir den rechten Weg zu zeigen.
Gott sei hinter dir,
um dir den Rücken zu stärken.
Gott sei neben dir, wie eine gute Freundin
oder ein guter Freund an deiner Seite.
Gott umhülle dich mit seiner Güte.
Gott sei in dir und weite dein Herz,
offen zu sein und zu lieben.
Amen.

Gott, segne den Weg, den du gehst.
Gott, segne das Ziel, für das du lebst.
Er segne das, worauf deine Hoffnung ruht.
Geh mit dem Segen Gottes
und teile davon aus –
wem immer du begegnest.
Amen.

Weihnachtsgefühle

(Geplant und durchgeführt wurde dieser Abendgottesdienst für die Jugendlichen der Jugendleiterrunde und des Kindergottesdienstvorbereitungskreises. Anschließend folgte das alljährliche gemeinsame Weihnachtsessen im Gemeindehaus.)

Vorbemerkungen

Thema: Weihnachten erspüren

Aktion: Sorgenzettel beschriften und verbrennen, Gestalten einer Mitte, weihnachtliche Rückengeschichte

Zielgruppe: Jugendgottesdienst an einem Abend im Advent

Material: Streichhölzer, Stifte und Zettel, feuerfeste Schale zum Verbrennen der Sorgenzettel, Decken, CD-Spieler, CD bzw. Gitarre, Kerzen, Tuch und drei Kerzen, Naturmaterial (Muscheln, Edelsteine, Glasnuggets, schöne Tücher und Kerzen) für die Gestaltung einer Mitte, viele Teelichter, Klangschale, Weihnachtskarten mit Segensworten in einem Körbchen.

Vorbereitung:
- Die Stationen und die Musikanlage aufbauen.
- Kerze im Vorraum der Kirche aufstellen, Streichhölzer.
- Nur einige wenige Teelichter erleuchten den Kirchenraum spärlich.
- Stuhlkreis im Eingangsbereich der Kirche mit Tuch und drei Kerzen für den Eingangsritus.
- Station im Außenbereich für das Verbrennen der Sorgenzettel.
- Viele Teelichter und Streichhölzer zum Erhellen der Kirche.
- Freie Fläche in der Kirche: Dort liegt Material für die Gestaltung der Mitte.
- Am Rand der freien Fläche Decken bereitlegen.
- Im Altarbereich liegen Segenskarten in einer Schale.

Ablauf

Stuhlkreis mit Eingangsliturgie

(Die Kirche ist nur mit wenigen Kerzen erleuchtet. An einem geeigneten Ort im vorderen Teil der Kirche ist ein Stuhlkreis vorbereitet. In der Mitte steht eine Kerze.)

Die Jugendlichen werden an der Kirchentür persönlich begrüßt. Sie werden gebeten, im Vorraum der Kirche still zu warten. Dort brennt eine Kerze. Jede/r wird einzeln langsam und freundlich in den Kirchenraum und an einen Platz im Stuhlkreis geführt. Dabei erklingt live oder von einer CD leise Gitarrenmusik.

Begrüßung

Das Weihnachtsfest lässt kaum jemanden kalt. Denn Weihnachten spricht unsere Empfindungen an: negativ und positiv. Manches stößt uns ab. Manches empfinden wir als unangebracht, gar als kitschig oder sentimental. Anderes ist schön, berührt uns in guter Weise, geht uns zu Herzen.

Dieser Gottesdienst soll dazu dienen, unseren eigenen Weihnachtsgefühlen ein wenig mehr auf die Spur zu kommen. Dazu möchte ich einladen und hoffe darauf, dass es die tiefer gehenden und guten Gefühle sind, die verstärkt werden.

Eingangswort mit Kerzenritus

Wenn wir Gottesdienst feiern, denken wir an Gott.

Er hat die Welt und alle Pflanzen, Tiere und Menschen geschaffen.
Wir zünden die **erste Kerze** an.

Wenn wir Gottesdienst feiern, denken wir an Jesus.

Er hat vielen Menschen geholfen. Er hat viel Gutes getan.
Wenn wir Gottesdienst feiern, dann ist er bei uns,
auch wenn wir ihn nicht sehen.
Wir zünden die **zweite Kerze** an.

Wenn wir Gottesdienst feiern, denken wir an Gottes Heiligen Geist.

Er gibt uns Kraft und macht uns Mut.
Wir zünden die **dritte Kerze** an.

So feiern wir unseren Gottesdienst im Namen Gottes, des Vaters,
und des Sohnes und des Heiligen Geistes. Amen.
Unsere Hilfe steht im Namen des Herrn, der Himmel und Erde gemacht hat.
Der Herr sei mit euch!

Der Prophet Jesaja sieht sich in der Welt um.
In seiner Klage findet mancher von uns seine eigenen Eindrücke wieder:
Finsternis bedeckt das Erdreich und Dunkel die Völker.
Aber über dir geht auf der Herr,
und seine Herrlichkeit erscheint über dir. (Jesaja 60,2)

Lied: Mache dich auf und werde Licht (DS 136 – dort mit Vorschlag für Lichtertanz; EG RT; EH 91; LJ 451)

Finsternis und Dunkel gibt es nicht nur unter den Völkern. Finsternis und Dunkel kennen auch wir in unserem Leben. Sorgen können unsere Herzen verdunkeln. Betrübnis kann in unsere Seelen einziehen. Wir wollen uns – jeder still für sich – solche Gefühle jetzt von der Seele schreiben. Ihr könnt euch gleich Stifte und Zettel nehmen. Dann sucht sich jede/r einzeln einen Platz in der Kirche, da wo gerade noch genug Licht zum Schreiben ist. Bevor ihr das tut, will ich euch noch sagen, wie es dann weitergeht. Ihr habt eine gute Weile Zeit für eure Gedanken und das Schreiben. Mit der Klangschale gebe ich das Zeichen für das Ende. Ihr faltet den Zettel zusammen und nehmt ihn mit, wenn ihr durch die Seitentüre nach draußen geht. Dort treffen wir uns und sammeln sie in einer Schale. Anschließend werden wir die Sorgenzettel anzünden. Wir werden sie verbrennen als Zeichen dafür, dass wir all unsere Sorgen vor Gott bringen können.
(Die Teilnehmenden suchen sich einen Platz in der Kirche, um ihre »Sorgenzettel« zu beschreiben. Durch eine Klangschale werden sie wieder gebeten, in den Kreis zu kommen.)

Verbrennen der Sorgenzettel
(In einer feuerfesten Schale vor der Kirche.)
Die Sorgenzettel werden in der Schale gesammelt und angezündet. In die Stille hinein folgt das Gebet:

Gebet

Heiliger Gott,
so wie der Rauch zum Himmel steigt, bringen wir unsere Sorgen vor dich.
Du kennst sie. Du willst sie mittragen. Du lässt uns nicht allein.
Du sorgst für uns. So hat es uns der Apostel gesagt.
Er hat von Jesus gesprochen und uns nahe gelegt:
Alle eure Sorge werft auf ihn, denn er sorgt für euch. (1. Petrus 5,7)
Amen.

Abschluss

Sorgen verdunkeln das Herz. Wir haben die Sorgenzettel verbrannt.
Das ist ein Zeichen der Hoffnung, dass die Freude in unsere Herzen einziehen kann. Deshalb soll es nun auch in unserem Kirchenraum heller werden.
Wir gehen hinein. Dort findet ihr viele Teelichter. Sie können jetzt angezündet werden und unsere Hoffnung stärken.
Einige von euch, die Freude daran habe, bitte ich, für uns auf der freien Fläche im Kirchenraum eine Mitte aus den bereitliegenden Tüchern, Naturmaterialien und anderem Schönem, das ihr dort findet, zu gestalten.

Erhellen der Kirche und Gestalten einer Mitte im Kirchenraum

— Die Kirche wird mit zahlreichen Teelichtern erleuchtet.
— Einige Jugendliche gestalten währenddessen eine Mitte aus den bereitliegenden Tüchern, Naturmaterialien und anderem.

Lied: Stern über Betlehem (DS 166; EG RT; EH 193; LJ 326)

Erzählstation

Die Jugendlichen kommen paarweise zusammen und nehmen sich eine am Rand der freien Fläche liegende Decke. Sie nehmen darauf Platz und gestalten zur Erzählung die Rückengeschichte mit ihrem Partner/in.
Die Erzählung wird jeweils langsam mit Pausen vorgetragen, damit den Paaren genügend Zeit bleibt zu einer für beide wohltuenden Gestaltung.
(Bei einer ungeraden Zahl der Teilnehmenden macht der/die Erzähler/Erzählerin mit.)

1. Rückenerzählung

Bereite erst einmal die Tafel vor: Wische sie sauber! Nun kannst du malen, was ich erzähle!

Auf einer großen Wiese sind viele Schafe.
Ein Hirte ist bei ihnen.
Der Mond erscheint am Himmel.
Da treibt der Hirte die Schafe in den Pferch.
Er macht die Tür hinter den Schafen zu.

Der Hirte sammelt Holz.
Er bringt das Holz zur Feuerstelle.
Er zündet es an.
Bald brennt ein kleines Feuer.

Da erstrahlt ein großes Licht am Himmel: ein Engel.
Der Hirte wirft sich zu Boden. Er hat Angst.
Der Engel sagt: »In Betlehem ist ein Kind geboren.
Gott hat es zur Erde geschickt.
Es liegt in einer Krippe.
Es ist Jesus, der Heiland.«

Der Hirte erhebt sich.
Sein Herz klopft heftig.
Er macht sich auf den Weg;
erst langsam, dann immer schneller.
Da ist der Stall.
Er klopft an. Er öffnet die Tür. Er geht hinein.

Da sitzt eine Frau.
Sie beugt sich über die Krippe.
Der Hirte geht zur Krippe.
Da liegt das Kind.
Die Frau nimmt das Kind in ihre Arme.
Sie wiegt es sanft.
Der Hirte streichelt dem Kind zart über den Kopf.
Es wird ihm ganz warm um das Herz.

Lass deine/n Partner/in noch einen Augenblick die Wärme deiner Hand spüren. Dann löse sie von ihm/ihr und tauscht bitte die Rollen!

2. Rückenerzählung

Bereite erst einmal die Tafel vor: Wische sie sauber! Nun kannst du malen, was ich erzähle!

Da ist ein hoher Turm.
Im Turm gibt es eine Treppe.
Ein Mann steigt die Treppe empor bis oben.
Er trägt eine Königskrone.
Am Himmel sieht er viele Sterne.
Ein Stern ist viel größer als die anderen.

Schnell steigt der Mann die vielen Stufen im Turm herunter.
Er geht in sein Haus.
Er holt einen großen Beutel.
Darin sind viele Goldstücke.
Der Mann geht zu seinem Kamel.
Er legt den Beutel auf das Tier.
Er steigt auf. –
Und schon setzt das Kamel einen Fuß vor den anderen.

Am Himmel ist wieder der große Stern zu sehen.
Der Mann lenkt sein Kamel auf den Stern zu.
Der Weg führt jetzt bergan.
Dann geht es wieder hinunter.

Da ist ein Stall – darüber der große Stern.
Der Mann nimmt seinen Beutel.
Er geht zur Tür des Stalles.
Er klopft an. Er tritt ein.

Da sitzt eine Frau.
Sie beugt sich über die Krippe.
Der Mann geht zur Krippe.
Da liegt das Kind.
Die Frau nimmt das Kind in den Arm.
Sie wiegt es sanft.

Der Mann greift in seinen Beutel.
Er legt Goldstücke in die Krippe.
Der Mann streichelt dem Kind zart über den Kopf.
Es wird ihm ganz warm um das Herz.

Lass deinen Partner noch einen Augenblick die Wärme deiner Hand spüren.
Dann löse sie von ihm/ihr.

Lied: Freu dich Erd und Sternenzelt, 1.4.5 (DS 152; EG 47)

Gebet und Segenszuspruch

(Alle kommen im Altarraum zusammen.)

Lasst uns beten:
In die Nacht von Betlehem bist du gekommen, Kind in der Krippe.
Du bist gekommen, damit das Dunkel dem Licht weicht,
damit aus Traurigkeit Freude wird.
So bitten wir dich:
Lass uns in diesen Weihnachtstagen Freude erfahren.
Hilf uns, sie weiterzugeben.
Amen.

Vaterunser

Hinführung zum Segenszuspruch

In dem Körbchen, das auf dem Altar steht, liegen Weihnachtskarten. Auf den Karten stehen unterschiedliche Segensworte. Wer persönlich gesegnet werden möchte, kann zum Altar kommen und sich eine Karte nehmen. Bitte kommt einzeln. Ich spreche jedem/r das Segenswort, das auf der Rückseite steht, zu und segne ihn/sie.

Segenszuspruch mit Handauflegung

(Auf den Weihnachtskarten stehen Segenssprüche wie z.B.:)

Sei gesegnet mit der Liebe Gottes.
Möge Friede dein Herz erfüllen
und Freude deine Tage hell machen.
Gott segne dich.
Amen.

Gott stärke dich und gebe dir Mut.
Sein Segen komme zu dir
und bleibe bei dir.
So segne und behüte dich,
der Gott des Friedens.
Amen.

Gott segne dich mit seiner Liebe.
Er begleite dich auf deinen Wegen,
sodass du nie ohne seinen Schutz bist.
Der Segen Gottes sei mit dir.

Gott sei dir nahe.
Seine Kraft stärke dich.
Sein Wort tröste dich,
wenn du traurig bist.
Es segne dich der heilige Gott.

Gott behüte dich
auf all deinen Wegen.
Seine Hand bewahre dich vor Argem.
Gott wende sich dir zu.
Er segne dich.
Amen.

Gott sei für dich wie fester Boden
unter deinen Füßen.
Gott sei mit dir auf dem Weg,
den deine Füße nehmen.
Mögest du sichere Schritte tun.
Mögest du den Segen Gottes auf
deiner Lebensreise vielfältig erfahren.
Es segne dich Gott,
der dich auf deinen Wegen begleitet.
Amen.

Gott sei vor dir,
um dir den rechten Weg zu zeigen.
Er sei hinter dir,
um dir den Rücken zu stärken,
wenn es nötig ist.
Er sei neben dir,
um dich zu begleiten.
Gott sei in deinem Herzen
und mache es fröhlich.
Gott sei über dir und segne dich.
Amen.

(Während der Segnung: meditative Gitarrenmusik live oder von der CD.)

Abschluss:
Geh hin im Frieden des Herrn. Amen.

Möge die Straße uns zusammenführen

Text und Melodie: Markus Pytlik

2. Führe die Straße, die du gehst
immer nur zu deinem Ziel bergab,
hab, wenn es kühl wird, warme Gedanken,
und den hellen Mond in dunkler Nacht.
Refrain

3. Hab unterm Kopf ein warmes Kissen,
habe Kleidung und das täglich Brot,
sei über vierzig Jahre im Himmel,
bevor der Teufel merkt, du bist schon tot.
Refrain

4. Bis wir uns mal wiedersehen,
hoffe ich, dass Gott dich nicht verlässt,
er halte dich in seinen Händen,
doch drücke seine Faust dich nie zu fest.
Refrain

Schlusssegen *(für alle)*
So geht nun hin im Frieden des Herrn.
Es segne und behüte euch Gott, der Allmächtige und Barmherzige,
der Vater, der Sohn und der Heilige Geist. Amen.

Weihnachten mit allen Sinnen erfassen

Erlebnisgottesdienst mit Abendmahl –
ein Gottesdienst nicht nur für Jugendliche

Vorbemerkungen

Thema: Weihnachten mit allen Sinnen

Aktionen: Fühlen, hören, schmecken, riechen, sehen

Zielgruppe: Erlebnisgottesdienst nicht nur für Jugendliche

Material: Krabbelsack (bei größerer Besucherzahl mehrfach) mit Krippenfiguren und Gegenständen aus der Weihnachtsgeschichte, Papier und Stifte, Bibel (Lukas 2,1–20), Früchtebrot, Räuchermännchen mit Weihrauchkegeln – z. B. aus dem Erzgebirge), Streichhölzer, Bild v. H.-G. Anniès »Kind auf Getreide« (s. S. 90)

Vorbereitung:
Folgende Stationen sind aufzubauen:

1. Station – Fühlen: Krabbelsack mit Krippenfiguren und Gegenständen aus der Weihnachtsgeschichte nach Lukas 2 (Maria, Joseph, Kind in der Krippe, Windel, Engel, Hirte, Ochse, Esel)
2. Station – Hören: Bibel
3. Station – Schmecken: Früchtebrotstücke in Schale
4. Station – Riechen: Räuchermännchen mit Weihrauch-Räucherkerzen (Erzgebirge); Streichhölzer
5. Station – Sehen: Bildvorlage »Kind auf Getreide« kopiert für jede/n Teilnehmer/in.

Abendmahlsgeräte bereitstellen.

Ablauf

Eingangsteil

1. Station – Fühlen *(in der Kirche)*

Beim Hereinkommen werden die Gottesdienstbesucher/innen gebeten, in den Krabbelsack zu fassen und zu fühlen, was sich darin befindet. Sie werden aufgefordert, sich die Gegenstände still zu merken und eventuell aufzuschreiben.

Orgelvorspiel

Begrüßung

Wir begrüßen Sie und euch herzlich zu unserem Erlebnisgottesdienst. Beim Hereinkommen haben Sie und ihr schon gemerkt, worum es in diesem Gottesdienst geht: »Weihnachten mit allen Sinnen erfassen«.

Weihnachten spricht unsere Sinne an wie kaum ein anderes Fest. Wir haben vor, uns in diesem Gottesdienst über unsere Sinnes-Erfahrungen der Botschaft dieses Festes zu nähern.

Lied: Weil Gott in tiefster Nacht erschienen (EG 56; EH 194; LJ 54)

Eingangswort

Wir feiern unseren Gottesdienst im Namen Gottes, des Vaters und des Sohnes und des Heiligen Geistes. Amen.
Unsere Hilfe steht im Namen des Herrn, der Himmel und Erde gemacht hat.

Psalm aus unseren Tagen (nach Psalm 24)
(In: Dir kann ich alles sagen, Gott, hg. v. Rheinischen Verband für Kindergottesdienst, S.22.)

Kehrvers: *(von allen gesprochen)*
Gott kommt. Öffnet eure Herzen für ihn.

Ihr fragt, wer Gott ist?
Er hat Himmel und Erde gemacht
und alle, die darauf wohnen.

Gott kommt. Öffnet eure Herzen für ihn.

Ihr fragt, wie das geht?
Tut nichts Böses, liebt die Wahrheit,
seht, wo jemand Hilfe braucht.

Gott kommt. Öffnet eure Herzen für ihn.

Ihr fragt, wie das geht?
Sucht Gott und fragt nach seinem Willen,
vertraut euch seinem Segen an.

Gott kommt. Öffnet eure Herzen für ihn.

Amen.

Gebet

Gott, wir bitten dich:
Gib uns offene Ohren, um dein Wort zu hören.
Gib uns Augen, die die Schönheit deiner Schöpfung wahrnehmen.
Gib uns Hände, die gut mit deinen Gaben umgehen.
Gib uns Herzen, die liebevoll und mitfühlend sind.
Amen.

Lied: Hört der Engel helle Lieder (EG 54; LJ 52)

Aktionsteil

2. Station – Hören

Beim Hereinkommen in die Kirche haben Sie in unserem Krabbelsack einige Gegenstände gefühlt. Haben Sie erkennen können, was es für Gegenstände waren? *(Aussagen der Besucher sammeln.)*

Hier kommt nun die Auflösung. Es waren Dinge aus der Weihnachtsgeschichte nach Lukas. Nun folgt aber die Frage, die Sie nach dem Hören der Weihnachtsgeschichte aus Lukas 2 beantworten sollen: Was von dem, das Sie im Sack gefühlt haben, wird in der Weihnachtsgeschichte Lukas 2 ausdrücklich erwähnt, bzw. was nicht?

Lesung aus Lukas 2,1–20

Erläuterung:

Ochse und Esel kommen hier nicht vor. Wieso aber stehen sie in den Darstellungen der Maler im Stall von Betlehem? Wieso finden sie sich in unseren Weihnachtskrippen? Die Antwort scheint klar zu sein: Weil erzählt wird, dass Jesus in eine Futterkrippe gelegt wird und solch eine Krippe steht natürlich in einem Stall. Das wird uns mit Bedacht erzählt. Die Futterkrippe deutet nämlich den armseligen Ort der Geburt an: Jesus wird in einem Stall geboren. Bis heute gibt es solche Höhlenställe in der Gegend von Betlehem. Natürlich denkt man bei einem Stall gleich auch an Tiere. Und nun zeigt es sich, dass die Maler und die Krippenbauer ihre Bibel gut gekannt haben. Sie haben sich gefragt, welche Tiere mögen wohl im Stall von Betlehem gewesen sein? Sie haben es in ihrer Bibel nachgelesen. Da gibt es eine Stelle, an der von einer Krippe die Rede ist und von Ochse und Esel. Das haben sie mit dem Stall von Betlehem verknüpft. Und damit haben sie daraus eine Predigt ohne Worte gemacht. In der Bibel heißt es nämlich beim Propheten Jesaja (1,3): *Ein Ochse kennt seinen Herrn und der Esel die Krippe seines Herrn; aber Israel kennt's nicht, und mein Volk versteht's nicht.*

Ochse und Esel an der Krippe sind also ein stummer Hinweis. Ochse und Esel kennen ihren Herrn. Viele Menschen damals und heute erkennen Jesus aber nicht als ihren Herrn und Heiland. Der sprichwörtlich dumme Ochse und der dumme Esel sind also klüger als die Menschen, die nicht erkennen, dass Jesus Gottes Sohn ist. Das ist der stumme Vorwurf, den Ochse und Esel an der Krippe erheben.

3. Station – Schmecken *(im Nebenraum der Kirche oder im Gemeindehaus)*

(Die Gottesdienstbesucher kommen in den Raum, in dem in Schalen Früchtebrot bereitsteht. Sie probieren das Früchtebrot. Anschließend erhalten sie dazu die folgende Erläuterung.)

Erläuterung:

Sie haben gerade unser Früchtebrot probiert. Es gehört in vielen Familien zum Fest dazu. Wenn Weihnachten ein Fest ist, das unsere Sinne in besonderer Weise anspricht, dann spielt natürlich auch das Essen eine besondere Rolle. So gibt es in den meisten Familien zu Weihnachten besonders gutes und leckeres Essen. Auch das Backen gehört für viele Familien unbedingt zur Weihnachtszeit dazu. Seit alters her hat manches Weihnachtsgebäck symbolische Bedeutung. *(Siehe dazu auch den Gottesdienst: Das Weihnachtsgebäck und seine Bedeutung.)*

Das ist auch beim Früchtebrot der Fall. Es besteht nämlich traditionell aus sieben oder neun Zutaten. Das sind Zahlen, denen in der christlichen Zahlensymbolik eine besondere Bedeutung zukommt. Die Sieben zum Beispiel setzt sich zusammen aus der Drei und der Vier. Drei – das ist die Zahl für die göttliche Trinität von Vater, Sohn und Heiligem Geist. Die Vier – das ist die Zahl für die vier Himmelsrichtungen und bezeichnet die Welt. In der Sieben kommen somit Gott und die Welt zusammen. Und das ist in der Geburt Jesu der Fall. Gott wird Mensch und kommt in Betlehem zur Welt.

Die Neun ist die Zahl der Vollkommenheit. Sie besteht aus der Potenzierung der Drei: dreimal drei ist neun. Gott ist vollkommen und darauf zielt auch sein guter Wille mit der Welt. Das Früchtebrot schmeckt uns gut und ist sehr nahrhaft. Die Zahl seiner Zutaten kann man nicht schmecken, wohl aber das Resultat: den guten Geschmack des Gebäcks, der uns sagt: Gott ist gut zu uns – jetzt und in der Vollendung, der seine Welt entgegengeht.

(Nach: Peter Klever: Dahinter schauen, S.27)

4. Station – Riechen *(im Nebenraum der Kirche oder im Gemeindehaus)*

(Ein Räuchermännchen verströmt Weihrauchduft.)

Erläuterung:

Sicher riechen Sie, was das ist. Es riecht nach Weihrauch. In den Weihnachtstagen werden die Räuchermännchen aus den Kartons und Kisten geholt, in denen sie das ganze Jahr über geruht haben. Weihnachten wird das

Räuchermännchen aufgestellt und verströmt einen Duft, der an den Duft in katholischen Gotteshäusern und an den Gottesdienst erinnert. Und das hat einen Grund, der in der anderen Geschichte zu suchen ist, die zum Weihnachtsfest gehört. Es ist die Geschichte aus Matthäus 2. Die drei Weisen oder Könige, wie sie meist genannt werden, kommen aus fernen Landen zur Krippe und beten das Kind an. Und sie »taten ihre Schätze auf und schenkten ihm Gold, Weihrauch und Myrrhe.« So heißt es in der Übersetzung Martin Luthers.

Gold, Weihrauch und Myrrhe – diese drei Gaben haben eine besondere Bedeutung:

- Das Gold, das dem Kind dargebracht wird, weist ihn als König der Welt aus, zu dem die Völker kommen und ihm huldigen.
- Der Weihrauch steigt empor und gilt als Huldigung Gottes. Jesus wird mit dieser Gabe der Weisen als Himmelskönig verehrt. Da Rauchopfer zu bringen eine priesterliche Aufgabe war, wird Jesus damit zugleich als der himmlische Hohepriester ausgewiesen.
- Die Myrrhe ist unter anderem ein Heilmittel. Bis heute wird sie bei Entzündungen, z. B. der Mundschleimhaut, verwendet. So weist die Myrrhe, die die Könige bringen, darauf hin, dass die Sendung Christi für uns Heilung von den Folgen unserer Schuld und ewiges Heil bedeutet.

Der Weihrauch und das Räuchermännchen erinnern uns also an die drei Könige und ihre Gaben.

5. Station – Sehen: Bildbetrachtung zu H.G. Anniès »Kind auf Getreide«
(in der Kirche)

Hinführung

Jetzt fehlt noch das Sehen, als letztes Sinnesorgan, mit dem wir das Weihnachtsgeschehen in seiner Bedeutung erfassen wollen. Zuvor aber wollen wir ein Lied singen, das davon spricht, dass Gott uns fühlbar nahe sein will, und schlagen damit einen Bogen zum Beginn unseres Gottesdienstes.

Lied: Kommt mit Gaben und Lobgesang (DS 84; EG 229 – 1. Strophe)
(Bei diesem Vers wird das Bild ausgeteilt.)

Bitte schauen sie sich dieses Bild einmal in Ruhe an. Es ist ein strenges Bild, schwarz und weiß, ein Holzschnitt – man ist geneigt zu sagen: gar nicht weihnachtlich. Das Kind in der Krippe schaut sehr ernst. Der Stern ist von einem schwarzen Kreis umgeben. Was möchte der Künstler uns mit diesem ungewöhnlichen Weihnachtsbild wohl sagen?

Es gibt da eine erste Spur! Das Kind, das da liegt, sieht merkwürdig alt aus. Das Gesicht ist das Gesicht eines Erwachsenen. Soll hier gar kein Kind in der Krippe dargestellt werden, sondern das Schicksal des erwachsenen Jesus angedeutet werden? Dieser Spur folgend fällt mir auf, wie das Kind daliegt. Auf mich macht es den Eindruck, als läge das Kind nicht in einer Krippe. Das Schwarz ist so dominant und seine Fläche ist so geformt, dass es mich an einen Sarg erinnert. Mich bestärkt in dieser Annahme, dass der Künstler das Kind nicht etwa auf Stroh gebettet hat, sondern auf fruchttragendes Getreide. Und wenn ich nun noch bedenke, dass das Kind mir den Kopf zuwendet und mich anschaut, dann werde ich mir in dieser Deutung noch sicherer. Ich glaube, da sieht mich der erwachsene Jesus an. Ich glaube, er will mir sagen: »Die Frucht von meinem Sterben, kommt dir zugute!«

Wenn das aber so ist, dann werden die ausgebreiteten Hände des Kindes zu einladenden Händen: »Kommt, denn es ist alles bereit!« Sie laden zu dem,

Grafik: © Hans-Georg Anniès,
Kind auf Getreide

ein, was die Getreidehalme im Bild andeuten. Sie laden zum Abendmahl ein. Der Auferstandene lädt uns an seinen Tisch. Seine ausgebreiteten Hände sind zugleich zum Segen ausgebreitet, dem wir uns anvertrauen können.

Das alles macht mir dann auch deutlich, dass der Stern, der aus dem schwarzen Kreis heraus leuchtet, mehr bedeuten wird, als ein Wegweiser für die Weisen zu sein. Der Stern ist für den Künstler Zeichen dafür, dass Gottes Licht das Dunkel durchbricht. Er ist – so sehe ich es – ein versteckter Hinweis auf Jesu Auferstehung. Er ist für uns Betrachter des Bildes eine Verheißung. Auch für uns gilt: Das Dunkel des Todes muss dem ewigen Licht Gottes weichen.

Schlussteil

Lied: Kommt mit Gaben und Lobgesang (DS 84; EG 229 – 2. und 3. Strophe)

Gebet

O Herr,
mach mich zu einem Werkzeug deines Friedens,
dass ich Liebe übe, wo man sich hasst,
dass ich verzeihe, wo man sich beleidigt,
dass ich verbinde, wo Streit ist,
dass ich die Wahrheit sage, wo der Irrtum herrscht,
dass ich den Glauben bringe, wo der Zweifel drückt,
dass ich Hoffnung wecke, wo Verzweiflung quält,
dass ich ein Licht anzünde, wo die Finsternis regiert,
dass ich Freude mache, wo der Kummer wohnt.
Amen.

Abendmahlsfeier

Lied: Komm, Herr, segne uns (DS 117; EG 170; EH 61; LJ 116)

Segen

Gott sei vor dir, um dir den richtigen Weg zu zeigen.
Gott sei hinter dir, um dir den Rücken zu stärken.
Gott sei unter dir, um dich aufzufangen.
Gott sei in dir, um dich zu trösten.
Gott sei über dir, um dich zu segnen.

Und der Friede Gottes, der höher ist als alle Vernunft, bewahre eure Herzen und Sinne in Christus Jesus, unserem Herrn.
Es segne und behüte euch, Gott, der Allmächtige, der Vater, der Sohn und der Heilige Geist. Amen.

Das schwarze Schaf erzählt

Weihnachtsgottesdienst für kleinere Kinder mit Erzählpredigt und Basteln eines Schafes

Vorbemerkungen

Thema: Alle dürfen zur Krippe kommen – auch das schwarze Schaf.

Aktion: Weiße und schwarze Schafe basteln.

Zielgruppe: Gottesdienst ab Kindergartenalter

Material: Schafvorlage (s. S. 95), Tonpapier, Bleistift, Scheren, Klebstoff, helle und dunkle Schafwolle, drei Kerzen für Kerzenritus

Vorbereitung:
Schafvorlage (s. S. 95) mit Schablone und Bleistift in der benötigten Anzahl auf Tonpapier übertragen und ausschneiden; Klebstoff aufbringen (außer Beinen und Kopf), Schafwolle ankleben und trocknen lassen. Vorlage in der Mitte knicken (s. gestrichelte Linien in der Vorlage), sodass das Schaf stehen kann.
Für die Erzählung ein größeres schwarzes Schaf herstellen, das auf einem Stab oder Kochlöffel befestigt wird. Dazu die Vorlage vergrößert kopieren (weiteres Vorgehen wie oben), dann auf Kochlöffel ankleben oder antackern.

Ablauf

Begrüßung

Herzlich willkommen zum Weihnachtsgottesdienst! Wir hören in diesem Gottesdienst, wie es damals war, als Jesus geboren wurde. Wir beginnen mit einem Weihnachtslied!

Lied: Zumba, zumba, welch ein Singen (Strophen 1 + 2) – *siehe Seite 92* ▷

Eingangswort mit Kerzenritus

Wenn wir Gottesdienst feiern, denken wir an Gott.

Er hat die Welt und alle Pflanzen, Tiere und Menschen geschaffen.
Wir zünden die **erste Kerze** an.

Wenn wir Gottesdienst feiern, denken wir an Jesus.

Er hat vielen Menschen geholfen. Er hat viel Gutes getan.
Wenn wir Gottesdienst feiern, dann ist er bei uns,
auch wenn wir ihn nicht sehen.
Wir zünden die **zweite Kerze** an.

Wenn wir Gottesdienst feiern, denken wir an Gottes Heiligen Geist.

Er gibt uns Kraft und macht uns Mut.
Wir zünden die **dritte Kerze** an.

So feiern wir unseren Gottesdienst im Namen Gottes, des Vaters, und des Sohnes und des Heiligen Geistes. Amen.
Unsere Hilfe steht im Namen des Herrn, der Himmel und Erde gemacht hat.

Psalm

(Nach: Sagt Gott, wie wunderbar er ist. Neue Psalmen für Gottesdienst und Andacht, hg. v. Gottfried Mohr und Andreas Weidle, Verlag Junge Gemeinde, Leinfelden-Echterdingen, 2. Auflage 2006, S.62)

Der Herr sorgt für mich.
Warum soll ich mir Sorgen machen?

(Weiter Seite 92 untere Hälfte) ▷

Zumba, Zumba, welch ein Singen

Deutscher Text: Lieselotte Holzmeister
Melodie: aus Spanien
Von der Fidula-CD 4428 »Nikolaus! Nikolaus!«
Fidula Verlag, Boppard/Rhein, www.fidula.eu

Refrain
2. Jeder will ihm etwas bringen,
ich aber hab' nicht viel Geld.
Ich kann dem Kindlein nur singen,
hoffen, dass ihm das gefällt.

Refrain
3. Dass sich das Kindlein erfreute,
spielten die Hirten ihm vor.
Singt nun mit mir, liebe Leute,
singt mit den Hirten im Chor!

Was ein guter Hirte für seine Schafe ist,
das ist für mich Gott, mein Herr.

Der Herr sorgt für mich.
Warum soll ich mir Sorgen machen?

Täglich gibt er mir mein Essen und Trinken.
Was ich zum Leben brauche, gibt er mir.

Der Herr sorgt für mich.
Warum soll ich mir Sorgen machen?

Wenn ich allein bin und Gefahren um mich sind, fürchte ich mich nicht.

Der Herr sorgt für mich.
Warum soll ich mir Sorgen machen?

Gott ist bei mir, wie ein guter Hirte seine Schafe beschützt.

Der Herr sorgt für mich.
Warum soll ich mir Sorgen machen?

Amen.

Lied: Als ich bei meinen Schafen wacht (DS 149; KG 38)

Das schwarze Schaf erzählt

Hallo! Könnt ihr mich alle sehen?

(Das Schaf kommt hinter dem Lesepult hervor.)

Ich bin das schwarze Schaf! Wisst ihr eigentlich, wie das ist, wenn man ein schwarzes Schaf ist? Schön ist das nicht. Die anderen ärgern mich immer! Sie sagen: »Wir haben ein schönes weißes Fell – du aber nicht! Dein schwarzes Fell sieht immer dreckig aus.« Wisst ihr, wie das ist, wenn man so geärgert wird? Ich will es euch sagen: Wenn die anderen mich zu sehr ärgern, dann ärgere ich sie zurück! Dann stoße ich mit meinem Kopf nach jedem, der mich ärgert. Oder ich trete zu.

Das heißt! – Bis heute war das so. Aber von heute ab wird das ganz anders. Von jetzt ab werde ich ganz friedlich sein – egal wie sehr mich die anderen ärgern. Warum ich von jetzt ab friedlich bin, wollt ihr das wissen? Ich will es euch erzählen. Das kam nämlich so:

Es war gestern Nacht. Plötzlich wurde der Himmel taghell. Alle bekamen Angst – wir Schafe, die Hunde und auch unsere Hirten. Dann hörten wir eine Stimme: »Habt keine Angst! Freut euch! Heute ist Jesus, der Heiland, geboren worden – in Betlehem, in einem Stall. Friede soll einkehren überall.« Engel riefen uns das zu. Sie haben noch mehr gesagt. Aber das konnte ich mir nicht alles merken. Jedenfalls waren die Engel dann wieder fort. Und die Hirten haben überlegt: »Wir wollen Jesus sehen. Die weißen Schafe nehmen wir mit. Das schwarze Schaf bleibt hier. Es ist böse. Es stößt die anderen Schafe immer mit seinem Kopf. Vielleicht tut es ja dem Kind auch weh, so böse, wie es ist!« »Gut!«, sagte der alte Hirte. »So machen wir es! Benjamin, du bleibst mit dem schwarzen Schaf hier!«

Und schon machten sie sich auf den Weg. Benjamin und ich – wir blieben, wo wir waren. Aber ich wollte doch so gerne das neugeborene Kind sehen. Da merkte ich: Auch Benjamin schaut sehnsüchtig in die Richtung, in die die anderen gegangen sind. Da habe ich ihn ganz lieb angesehen. Ich habe mich an ihn gekuschelt. Sofort hat er gemerkt, was ich wollte. »Du willst wohl auch zum Stall und zu Jesus?«, hat Benjamin gesagt. »Komm, wir gehen dorthin. Egal was die anderen sagen. Aber du musst ganz brav sein!«

So sind wir zum Stall gegangen. Als wir dort ankamen, knieten die Hirten an der Krippe. Und auch die weißen Schafe standen da. »Was machst du denn hier, Benjamin? Und das schwarze Schaf hast du auch mitgebracht. Es sollte doch nicht hier herkommen!«, rief der alte Hirte ärgerlich. Aber Benjamin sagte: »Das Schaf hat mich so traurig angesehen. Wir mussten einfach herkommen!«

In diesem Moment wurde das Kind in der Krippe wach. Es öffnete die Augen und fing an zu weinen. Seine Mutter hat es auf den Arm genommen. Aber es weinte weiter. Da bin ich vorsichtig zum Kind gegangen. »Maria pass auf, das schwarze Schaf kommt. Es ist böse!«, sagte der alte Hirte. Aber Maria ließ sich nicht von seinen Worten beeindrucken. Ich bin ganz dicht zu Maria und dem Kind gegangen. Da hat das Jesuskind aufgehört zu weinen. Es hat mich angeschaut. Dann hat es seine Hand ausgestreckt und hat seine kleine Hand auf meinen Kopf gelegt. »Sieh mal, Josef, wie sich Jesus freut, dass auch das schwarze Schaf zu ihm gekommen ist.«, hat Maria gesagt.

Josef hat sie nachdenklich angesehen und gesagt: Maria, was du da gerade sagst, ist wahr. Genau das wird seine Lebensaufgabe sein: Jesus will die schwarzen Schafe bei sich haben. Nicht nur die Tiere – auch die schwarzen Schafe unter den Menschen. Die schwarzen Schafe zu Gott zurückzubringen, das wird seine Aufgabe sein. Deshalb ist er geboren worden. Deshalb sendet Gott ihn zu den Menschen. Er wird für sie wie ein guter Hirte sein: einer, der für sie da ist, einer der für sie sorgt, ein Hirte, der sein Leben für die Schafe einsetzt!«

Auf einmal war es ganz still im Stall. Alle haben über die Worte des Josef nachgedacht.

Und ich habe beschlossen: Von jetzt ab können mich die anderen ärgern so viel sie wollen. Ich werde nicht mehr nach ihnen treten. Ich werde auch nicht mehr mit meinem Kopf nach ihnen stoßen. Als Jesus seine Hand auf meinen Kopf gelegt hat, da ist es passiert: Da habe ich gemerkt: Von jetzt ab werde ich friedlich sein.

Aktion

Alle Kinder basteln ein schwarzes oder weißes Schaf mit Schafwolle.

Lied: Zumba, zumba, welch ein Singen (3. Strophe)

Gebet

Lieber Gott!
Wir bitten dich um Frieden in der Welt.
Wir bitten dich um Frieden in den Familien.
Wir bitten dich: hilf uns, keinen Streit anzufangen.
Wir bitten dich: hilf uns, andere nicht zu ärgern.
Amen.

Vaterunser

Segen

(An den Händen fassen.)

Gott segne und behüte dich.
Er halte seine Hand schützend über dich, bis wir uns wieder sehen.
Der Segen Gottes komme zu dir und bewahre dich vor allem Argen.

Es segne und behüte dich Gott, der Allmächtige und Barmherzige,
der Vater, der Sohn und der Heilige Geist. Amen.

(Händedruck im Kreis weitergeben.)

So etwa sieht das Schaf aus, wenn es mit Wolle beklebt ist.

Kopiervorlage für das Schaf. Die Vorlage ist in der Größe geeignet zum Kopieren auf ein DIN-A-5-Blatt bzw. -Karton.

Die Geburt Jesu

Vorbemerkungen

Thema: Die Weihnachtsgeschichte nach Lukas 2

Aktion: Die Weihnachtsgeschichte wird mit Krippenfiguren an verschiedenen Stationen erzählt. Die einzelnen Stationen werden auf niedrigen Tischen an unterschiedlichen Stellen im (Kirchen-)Raum aufgebaut, die nacheinander – dem Fortgang der Erzählung entsprechend – von den Kindern aufgesucht werden.

Zielgruppe: Kindergarten, Jüngere im Kindergottesdienst

Material: Krippenfiguren (Krippe der Kirche, sonst: Möglichst große Figuren wählen.)

Vorbereitung:

Vier Stationen gestalten:
a) Nazaret (Haus),
b) Betlehem (Stall),
c) Hirtenfeld,
d) Königspalast

Erzählung in vier Abschnitten vorbereiten:
a) Aufbruch aus Nazaret
b) Betlehem und Geburt Jesu
c) Die Hirten
d) Die drei Weisen

Mitgebsel:
Bilderbuch im Kleinformat: »Jesus ist geboren« (Nr. 4151 aus der Reihe: »Was uns die Bibel erzählt«, Deutsche Bibelgesellschaft, Stuttgart) für jedes Kind

Ablauf

Begrüßung:
Endlich können wir Weihnachten feiern. Schon so lange haben wir uns darauf gefreut.
Lasst uns mit einem Lied beginnen.

Lied: Stern über Betlehem (DS 227, EG RT 546, EH 193, LJ 326)

Eingangswort mit Kerzenritus

Wenn wir Gottesdienst feiern, denken wir an Gott.

Er hat die Welt und alle Pflanzen, Tiere und Menschen geschaffen.
Wir zünden die **erste Kerze** an.

Wenn wir Gottesdienst feiern, denken wir an Jesus.

Er hat vielen Menschen geholfen. Er hat viel Gutes getan.
Wenn wir Gottesdienst feiern, dann ist er bei uns,
auch wenn wir ihn nicht sehen.
Wir zünden die **zweite Kerze** an.

Wenn wir Gottesdienst feiern, denken wir an Gottes Heiligen Geist.

Er gibt uns Kraft und macht uns Mut.
Wir zünden die **dritte Kerze** an.

So feiern wir unseren Gottesdienst im Namen Gottes, des Vaters,
und des Sohnes und des Heiligen Geistes. Amen.
Unsere Hilfe steht im Namen des Herrn, der Himmel und Erde gemacht hat.

Psalm

(Frei nach: Sagt Gott, wie wunderbar er ist. Neue Psalmen für Gottesdienst und Andacht, Hg. v. Gottfried Mohr und Andreas Weidle, Verlag Junge Gemeinde, Leinfelden-Echterdingen, 2. Aufl. 2006, S. 78)

Kehrvers: *(von allen gemeinsam gesprochen)*

Gott, wir brauchen dich auf der dunklen Erde,
dass die Welt von deinem Licht immer heller werde.

Wir feiern Advent.
Gott will zu uns kommen.

Gott, wir brauchen dich auf der dunklen Erde,
dass die Welt von deinem Licht immer heller werde.

Bald wird Jesus geboren.
Wir freuen uns darauf.

Gott, wir brauchen dich auf der dunklen Erde,
dass die Welt von deinem Licht immer heller werde.

Wir schmücken unsere Häuser.
Wir bereiten alles vor.
Bald wird Jesus kommen.

Gott, wir brauchen dich auf der dunklen Erde,
dass die Welt von deinem Licht immer heller werde.

Ehr sei dem Vater … (EG 177,1)

Eingangsgebet

Guter Gott,
danke, dass dein Sohn zu uns kommt. Wir freuen uns über seine Geburt. Er kommt zu uns und will uns helfen. Amen.

Lied: Kommet, ihr Hirten (EG 48, LJ 47) oder: Nun freut euch, ihr Christen (GL 143)

Erzählung

(Die Erzählung beginnt an der ersten Station. Die Kinder werden gebeten, dorthin zu gehen. Die Krippenfiguren sind an den einzelnen Stationen aufgestellt und werden mit zur nächsten Station genommen, wenn es die Erzählung so verlangt. Die Einzelheiten ergeben sich aus der Erzählung.
Die Kinder gehen von einer Station zur anderen und werden so auch körperlich in die Erzählung einbezogen.)

1. Station: Haus in Nazaret

Josef wohnt in Nazaret. Maria ist seine Frau. Sie erwarten ein Kind.
Kaiser Augustus hat gesagt: »Alle Menschen in meinem Reich müssen aufgeschrieben werden. Dazu muss jeder in seine Heimatstadt gehen.«
Josef und Maria müssen weit gehen. Sie müssen nach Betlehem gehen.

2. Station: Stall von Betlehem

In Betlehem ist kein Platz. Maria und Josef müssen in einem Stall schlafen.
Da bekommt Maria ihr Kind. Es ist ein Sohn. Sie nennt ihn Jesus. Sie wickelt ihn in Windeln. Sie legt ihn in eine Futterkrippe.

3. Station: Hirtenfeld von Betlehem

Auf dem Feld sind Hirten. Sie passen in der Nacht auf ihre Schafe auf. Plötzlich steht ein Engel bei ihnen. Die Hirten erschrecken. Sie haben Angst. Der Engel sagt: »Fürchtet euch nicht! Ich bringe euch große Freude! Der Heiland ist geboren. Heute, in Betlehem. Geht und sucht ihn. Er liegt als Kind in einer Krippe.«

(Die Hirtenfiguren und die Schafe werden zur 2. Station gebracht.)

Die Hirten kommen zum Stall. Sie sehen Maria und Josef. Sie sehen das Kind in der Krippe. Sie sind sehr froh.

4. Station: Königspalast

In einem fernen Land leben weise Männer. Jede Nacht blicken sie zu den Sternen auf. Auf einmal entdecken sie einen großen, neuen Stern. Was hat das zu bedeuten? Sie machen sich auf den Weg.

(Die Königsfiguren werden zur 2. Station gebracht.)

Der Stern führt sie nach Betlehem. Über dem Stall bleibt er stehen. Sie gehen in den Stall hinein. Sie sehen Maria und Josef. Sie sehen das Kind in der Krippe. Sie freuen sich. Sie sind froh. Der Stern hat ihnen den Weg zu Jesus gezeigt.

(Text nach: Bibelbilderbuch, Band 3, Deutsche Bibelgesellschaft, Stuttgart)

Lied: Tragt in die Welt nun ein Licht (DS 140; EG RT; LJ 327)

Vater unser

Gebet

Lieber Gott,
wir bitten dich:
— Hilf uns Traurige zu trösten.
— Hilf uns Mutlosen Mut zu machen.
— Hilf uns Freude zu bringen.
Amen.

Segen

(Alle stehen im Kreis und halten sich an den Händen.)

Unser Gottesdienst geht zu Ende.
Wir gehen jetzt nach Hause.
Wie wir uns an den Händen halten,
so hält Gott uns an seiner Hand.

Gott, wir bitten dich: Segne uns!
Halte deine schützenden Hände über uns
und gib uns deinen Frieden.
Amen.

(Nach: Das Kirche mit Kindern Liederbuch, hg. v. Rheinischen Verband für Kindergottesdienst, Wuppertal, S. 188)

Es segne und behüte uns Gott, der Allmächtige und Barmherzige,
der Vater, der Sohn und der Heilige Geist. Amen.

(Der Verabschiedungshändedruck wird von einem zum anderen weitergegeben.)

4. Weihnachtsgeschichten und -predigten

Warum Kamele traurige Augen haben

Ist dir schon einmal aufgefallen, dass Kamele richtig traurige Augen haben? Aus großen braunen Augen blicken sie dich voller Trauer an.

Es ist schon lange her – aber es gab einmal eine Zeit, da war das anders. Da sprühten ihre Augen förmlich vor Freude und Unternehmungslust. Doch dann kam jener Tag, an dem der kleine König, den alle so nannten, weil er so klein von Gestalt war, mit seinem Kamel in Betlehem war. Du musst nämlich wissen: Nicht nur die drei Könige, die wir aus der Bibel kennen, sahen den Stern und brachen nach Betlehem auf. Eine halbe Tagereise nach ihnen sattelte auch der kleine König sein Kamel und folgte dem Stern, der die Geburt des Heilands der Welt ankündigte.

So kam auch der kleine König schließlich in Betlehem an. Auch er sah den Stern über dem Stall stehen. Aber er dachte gar nicht daran hineinzugehen: »Nein, so armselig kann der Heiland der Welt nicht geboren werden. Ich übernachte im nächsten Gasthof, stelle mein Kamel dort unter und frage morgen im Palast bei König Herodes, ob es dort ein neugeborenes Kind gibt.«

Und schon wandte er sich vom Stall ab und machte sich auf den Weg ins Dorf. Der Stern war inzwischen hinter den Wolken verschwunden. Als er im Gasthof nachfragte, erklärte ihm der Wirt, es sei alles belegt. Aber da klimperte der kleine König mit einigen Goldmünzen in seinem Beutel und schon bot ihm der Wirt sein eigenes Bett an. Während der kleine König nun sein Nachtmahl einnahm, brachte der Wirt das Kamel in den Hof hinter dem Haus. Allerdings vergaß er, das Tor zu verriegeln. Als im Haus alle schliefen, rissen plötzlich die Wolken auf. Der Stern leuchtete hell in den Hof hinein. Da sah das Kamel zum Stern auf und beschloss, dem Stern zu folgen – auch ohne seinen König. Vorsichtig stieß es das Hoftor auf und ging in die Richtung, die der Stern ihm wies. So stand es schließlich wieder vor jenem Stall, wo der kleine König den Kopf geschüttelt und gesagt hatte: »So armselig kann der Heiland der Welt nicht geboren werden!«

In diesem Augenblick tat sich die Tür des Stalles auf und Josef trat heraus. Das Kamel bemerkte er nicht, denn er war tief in Gedanken versunken. Er entfernte sich ein Stück vom Stall und ging auf einen Hügel in der Nähe. Und weil er so in Gedanken vertieft war, merkte er auch nicht, dass die Tür des Stalles sich bei einem Windstoß plötzlich öffnete. So konnte das Kamel in den Stall hineinsehen. Da saß Maria neben einer Futterkrippe. Sie war eingeschlafen. Das Kamel betrat den Stall. Vor der Krippe blieb es steht. In der Krippe – das konnte es jetzt sehen – lag ein neugeborenes Kind. Es schaute das Kind in der Krippe an. Da spürte es: Das ist der von Gott versprochene Heiland der Welt. Das Kind schien zu träumen. Es lächelte im Schlaf. Da wurde das Kamel froh und glücklich. Seine Augen strahlten vor Freude wie nie zuvor. Ganz leise, sodass Maria und das Kind nicht geweckt wurden, verließ das Kamel den Stall. Wieder im Hof des Wirtshauses angekommen, konnte es lange nicht einschlafen. Immerfort musste es an das Kind in der Krippe denken.

Früh am nächsten Morgen kam der kleine König in den Hof. Die vor Freude immer noch strahlenden Augen des Kamels bemerkt er nicht. Er sattelte das Kamel, stieg auf und rief: »Jetzt reiten wir zum Schloss von König Herodes!«

Das Kamel aber schlug eine andere Richtung ein und wollte ihn zum Stall hintragen. Da schrie der kleine König sein Kamel an: »Du dummes Kamel. Was machst du denn! Das ist die falsche Richtung! Wir wollen doch nicht zu diesem armseligen Stall zurück. Wir wollen zum König Herodes!«

Er riss so heftig am Zaumzeug, dass dem Kamel nichts anderes übrig blieb, als den Weg zum Palast einzuschlagen. Da wurde das Kamel traurig. Alle Freude wich aus seinen Augen. »Dumm bin doch nicht *ich!*«, dachte es. »Der kleine König war so dicht am Ziel und hat noch nicht einmal in den Stall hineingeschaut.«

Die Augen des Kamels füllten sich mit Tränen und es schaute traurig drein. Das änderte sich auch in den nächsten Tagen nicht. Es änderte sich überhaupt nicht mehr.

Und seit dieser Zeit sehen alle Kamele uns Menschen mit großen, tieftraurigen Augen an.

Bad news – good news

Predigt in der Christmette zu Lukas 2,1–20

Liebe Gemeinde!

Vielleicht ist Ihnen das auch schon einmal aufgefallen:
In den Weihnachtstagen bemühen sich die Nachrichtenredaktionen der Fernsehsender und Zeitungen um positive Meldungen. Jener Grundsatz, der sonst bei Zeitungsleuten gilt: Bad news is good news – schlechte Nachrichten sind gute Nachrichten, scheint für einige Stunden oder gar Tage außer Kraft gesetzt zu sein. Nicht Leid, sondern Freude soll mit dem Weihnachtsfest verknüpft sein.

Ob gewollt oder ungewollt ist das ein Stück Verkündigung zum Sinn dieses Festes. – Es weist nämlich auf den Sinn des Weihnachtsfestes hin: dass es in der Welt heller und wärmer werde und dass die Menschen friedvoller miteinander umgehen.

Das wird im Übrigen auch an einer Beobachtung deutlich, die viele von uns an sich selber machen können. An Weihnachten sind wir empfindsamer und dünnhäutiger als während des restlichen Jahres. Nachrichten über Unglücke berühren uns mehr als sonst. Der schreckliche Tsunami am 2. Weihnachtstag vor einigen Jahren löste zum Beispiel eine ungeheure Spendenbereitschaft aus. Harte Worte treffen uns in den Weihnachtstagen doppelt. Ich denke, das liegt nicht nur am offenbar unvermeidlichen vorweihnachtlichen Stress, sondern es hat mit dem Sinn und der Botschaft dieses Festes zu tun.

Denn die Nachricht vom Kind in der Krippe, das unser Heiland und Retter ist, will uns ermutigen. Sie will uns ermutigen, an der Hoffnung festzuhalten, dass die schlechten Nachrichten unsere Welt letztlich nicht bestimmen werden, sondern die gute Nachricht: »Gott wird Mensch – dir Mensch zugute«, wie es in einem unserer Weihnachtslieder heißt.

Das Kind in der Krippe ist der Anlass unserer Hoffnung darauf, dass Gottes Welt seit jener Nacht von Betlehem im Umbruch ist. Seit jener Nacht wissen wir, dass Gott seine Welt einmal so erneuern wird, dass da nur noch Glanz und Helligkeit sind. Das soll uns Mut machen, jetzt schon zu denen zu zählen, die wissen, und in die Tat umsetzen, dass es besser ist, ein Licht anzuzünden, als über die Dunkelheit zu klagen.

Weihnachten rührt Schichten in uns an, die im Alltag allzu leicht verschüttet, übergangen und weggeschoben werden. Am Weihnachtsfest spüren wir: Die Welt könnte und sollte anders sein. Das Kind in der Krippe erinnert uns daran.

Wenn das aber so ist, dann ist es umso wichtiger, dass ausgerechnet Weihnachten nicht das passiert, was eine humorvolle kleine Zeichnung aufs Korn nimmt. Da ist eine Familie im Weihnachtszimmer versammelt und betrachtet die Berge von Geschenken, die unter dem Weihnachtsbaum aufgetürmt sind. Ein Kind fragt: »Wo ist denn eigentlich die Krippe?« Es bekommt zur Antwort: »Ach, irgendwo da drunter.«

Die Krippe, das Kind in der Krippe, das Geschenk Gottes an uns darf nicht aus dem Mittelpunkt des Festes verdrängt werden. Und deshalb ist Weihnachten ein empfindliches Fest. Alles, was am Weihnachtsfest so schön ist, kann

Illustration: Dorothea Layer-Stahl

nämlich Selbstzweck werden. Der Baum, die Kerzen, die Geschenke. Auf all das möchte ich nicht verzichten. Aber es soll nicht Selbstzweck, sondern Hinweis sein auf das eine große Geschenk Gottes an uns: das Kind in der Krippe.

All das, was wir mit Weihnachten verbinden, kann und soll schön sein. Aber es soll eben vor allem ein Hinweis auf das Entscheidende sein: Gott schenkt uns seinen Sohn. Das ist nämlich das wichtigste Geschenk zu Weihnachten. Denn Gott schenkt uns Menschen damit das, was uns fehlt:

— Heil in der Heillosigkeit dessen, was uns täglich begegnet.
— Vergebung der Schuld in all den Situationen, in denen wir vor Gott und den Menschen schuldig werden.
— Licht in den Dunkelheiten unseres Lebensweges.

All das ahnen oder spüren wir in diesen Weihnachtstagen. Wenn ich es recht sehe, dann berührt uns das mehr in unseren Herzen, als dass wir es mit dem Verstand wahrnehmen. Wichtig ist mir, dass wir das auch dann noch in unseren Herzen bewahren, wenn die Weihnachtskerzen heruntergebrannt sind und der Alltag wiederkehrt. Wenn wir uns die Empfindsamkeit der Weihnachtstage bewahren, dann werden wir das in die Tat umsetzen können, was Jesus uns zutraut, wenn er sagt: »Ihr seid das Licht der Welt.« Er traut uns zu, Licht anzuzünden, wo die Dunkelheit regiert. Er traut uns das zu, weil wir den Ort wissen, von dem aus Gott selbst angefangen hat, den Lichtstrahl der Hoffnung in der Welt aufleuchten zu lassen: In Betlehem, beim Kind in der Krippe, denn er ist das Licht der Welt. Amen.

Gloria in excelsis Deo (Ehre sei Gott in der Höhe)

Predigt in der Christmette

(In der Liturgie wurde gesungen: Ehre sei Gott in der Höhe; EG 180,1.)

Lesung aus der Weihnachtsgeschichte Lukas 2,8–14

Liebe Gemeinde!

Ehre sei Gott in der Höhe – so haben es die Engel in Betlehem gesungen. Ehre sei Gott in der Höhe, so haben wir es eben auch in der Liturgie gesungen. Gloria in excelsis Deo – Ehre sei Gott in der Höhe. – Was geschieht da, wenn wir einstimmen in den Lobgesang der Engel am Weihnachtsfest?

Es geschieht mehr, als man meint. Lassen Sie uns dem Geheimnis von Weihnachten auf die Spur kommen, indem wir auf diese so einfach klingende Frage einige Antworten versuchen. Was also geschieht, wenn wir einstimmen in den Lobgesang der Engel?

- Zunächst dies: Wer in den Lobgesang der Engel einstimmt, macht sich ihre Sicht der Dinge zu eigen.

Denn warum loben die Engel Gott? Weil sie in dem Kind, das da in armseligen Umständen geboren wird, mehr sehen. Sie sehen das Wunder Gottes, das da geschieht. Das neugeborene Kind ist der Heiland, ist der Retter. Das verkündigen die Engel. Sie machen darauf aufmerksam, dass da mehr geschieht, als der äußere Anschein vermuten lässt. Die Engel machen uns auf eine neue und ungeahnte Dimension aufmerksam, die in unsere Wirklichkeit hineinkommt. Das ist der Grund, Gott zu loben, so wie es die Engel tun.

- Wenn das aber so ist, dann geschieht noch mehr.

Unsere Blickrichtung wird verändert. Unser Blick wandert beim Loben Gottes vom Kind in der Krippe – also von unten – nach oben zu Gott. Wir können von uns selbst absehen und beginnen hinzusehen nach oben – bis ganz hinauf in den Himmel. Wir beginnen, die Größe der Gedanken Gottes zu ahnen und zu begreifen. Wer das lernt, der lernt zu staunen.

- Und dann geschieht auch das Dritte:

Es ist das Gleiche, was Weihnachten bei den Hirten geschieht. Es heißt von ihnen: Die Hirten priesen und lobten Gott um alles, was sie gehört und gesehen hatten. Im griechischen Text steht hier für das, was wir mit »preisen und loben« übersetzen, das gleiche Wort, das auch den Glanz der Engel umschreibt: Doxa. – Vom himmlischen Glanz her kommt es zum irdischen Loben. Von der Doxa, dem himmlischen Glanz, kommt es zur Doxologie, dem Lobgesang durch unsere menschlichen Stimmen. So war das damals bei den Hirten: »Sie priesen und lobten Gott um alles, was sie gehört und gesehen hatten.« Und so geschieht es auch heute bei uns.

Das, was wir hier in unserem Gottesdienst tun, ist ein Wieder-Aufnehmen dessen, was da auf den Feldern von Betlehem geschah – die Kunde der Engel und ihr Lob –, wird zu Verkündigung und Lobpreis in Menschenmund – und zwar im Mund der Hirten. Der himmlische Glanz scheint sozusagen durch die Worte der Hirten hindurch. Das nun kann und soll sich bei uns wiederholen.

Das Licht Gottes durchscheinen zu lassen durch all unser Reden, Denken und Tun und in all unserem Denken, Reden und Tun – das ist die große Aufgabe, die das Weihnachtsgeschehen uns aufträgt. Wenn wir sie annehmen, dann wird sie unser Leben bereichern. Dann bringt das anderen Freude und uns selbst die Erfüllung, für die wir geschaffen sind.

- Ein letzter Gedanke:

Der Lobgesang der Engel hat Eingang gefunden nicht nur in den Weihnachtsgottesdienst. Ehre sei Gott in der Höhe – das singen wir in der Sonntagsliturgie ebenfalls und tun es damit nicht nur den Engeln gleich, sondern vereinen unsere Stimmen auch mit denen, die uns im Glauben vorangegangen sind und nun Gottes Lob in seiner Nähe singen dürfen. Der Lobgesang hat diese – im wahrsten Sinne – überirdische Dimension. Das »Gloria in excelsis deo« – das Loben Gottes – weitet unseren Horizont für die Dimension der Ewigkeit. Sie steht uns in der Geburt des Kindes von Betlehem neu offen. Amen.

Flucht nach Ägypten

Predigt zu Matthäus 2,13b–14
am 2. Weihnachtstag oder am Sonntag nach Weihnachten

Lesung aus Matthäus 2,13b–14

Liebe Gemeinde,

der Bericht des Matthäus vermeidet alles Dramatisieren und Ausschmücken. Sein Bericht wirkt nüchtern, fast sachlich.

Umso dramatischer sind die Legenden, die sich um die Flucht nach Ägypten gerankt haben. Eine will ich Ihnen erzählen und dann mit Ihnen zusammen überlegen, warum die Menschen solche Ausschmückungen brauchen, und was uns das heute noch sagen kann.
Aber zunächst zu der Legende von der Flucht.

Im Stall von Betlehem war es still geworden. Die Hirten waren wieder zu ihren Schafen zurückgekehrt. Die drei Könige hatten sich auf den Weg zurück in ihre Heimat begeben. Maria, Josef und das Kind sind erschöpft in den Schlaf gesunken. Im Schlaf hat Josef jedoch einen Traum, der ihn besorgt aufwachen lässt. Ein Engel warnt ihn: »Josef, flieh so schnell wie möglich nach Ägypten! Nimm Maria und das Kind mit! Bringt euch in Sicherheit! König Herodes lässt alle neugeborenen Kinder töten. Packt eure Sachen zusammen, und flieht noch in dieser Nacht!«

Josef zögert keinen Augenblick. Er weckt Maria. Schnell wird alles zusammengepackt und auf den Esel geladen. Im Schutz der Nacht flieht die Heilige Familie aus Betlehem. Sie gelangen in die Wüste. Die Sonne geht auf. Es wird heiß. Am Mittag ist die Hitze kaum noch auszuhalten. Plötzlich wirbelt in der Ferne Staub auf. Soldaten nähern sich.

Maria bekommt Angst. Sie weiß: Die Soldaten des Herodes sind nicht mehr weit. Sie wollen das Kind töten. Die Soldaten kommen näher und näher. Josef greift zu seiner Zimmermannsaxt: Wenn sie kommen, dann wird er Maria und das Kind beschützen. Er schaut zu den Seinen hinüber. Jesus schläft. Maria ist bleich geworden. Die Angst steht ihr ins Gesicht geschrieben. Doch da greift Maria plötzlich in die Tasche ihres Kleides. Eigentlich weiß sie gar nicht, warum sie das tut. Aber dort findet sie einige Samenkörner. Jetzt sind die Soldaten noch nähergekommen. Josef wirft einen besorgten Blick auf Maria und das Kind. Jesus aber schläft immer noch und ein Lächeln erscheint auf seinem Gesicht. Da kommt plötzlich ein starker Windstoß und weht die Samenkörner aus Marias Hand. Sie fallen zu Boden und im Nu wächst eine Ranke empor. Maria traut ihren Augen nicht! Immer mehr Ranken voll von Dornen wachsen unversehens aus dem Boden. Hoch und höher wachsen sie empor. Schon bilden sie eine undurchdringliche Dornenhecke. Jetzt schützt und birgt ein Dornenhag die Heilige Familie. Die Soldaten sind inzwischen ganz dicht herangekommen. Sie versuchen, die Hecke zu durchdringen. Sie wollen schauen, ob sich dort jemand versteckt hält. Aber sie sehen nichts als eine dichte Dornenhecke, die anfängt Blüten zu tragen und immer undurchdringlicher wird. Da geben die Soldaten auf, entfernen sich und gehen weiter in die Wüste hinein. Das Kind aber erwacht und beginnt mit den Blüten, die den Rosenhag über und über bedecken, zu spielen. Im Schatten der Rosenhecke ruht die Heilige Familie sich von allen Strapazen aus. Eine Quelle entspringt und gibt ihnen Wasser inmitten der Wüste. Die Heilige Familie ist gerettet.

Stephan Lochner: Die Muttergottes in der Rosenlaube. Um 1450.
© – /ARTOTHEK, Bild-Nr. 10543

Soweit diese alte Legende! Sie war vor allem im Rheinland sehr beliebt. Maler haben das Motiv vom Rosenhag gerne aufgegriffen, so etwa in einem Bild von Stephan Lochner (Abb. links), das sich heute im Kölner Walraff-Richartz-Museum befindet.

Warum wird die an sich so karge Fluchterzählung, wie sie bei Matthäus steht, im Laufe der Zeit so farben- und fantasiereich ausgeschmückt? Zunächst eine vielleicht noch recht oberflächliche Antwort: Die menschliche Fantasie und die Erzählfreude der Menschen sorgen gerne für Ausschmückungen.
Aber es gibt noch tiefere Gründe: Es geht nämlich sowohl im Evangelium als auch in der Legende um Grundfragen unseres Menschseins.

Da ist zunächst einmal die Angst.
Bei Matthäus kann man sie nur ahnen. Deshalb führt die Legende deutlicher aus, was man sich beim Evangelisten selbst hinzudenken muss. Betrachten wir also erst einmal das, was die Legende uns deutlich machen will.

Menschen werden bedroht und haben Angst. Die Soldaten und ihre Waffen sind das Sinnbild dieser Angst. Sie bedrohen das Leben der Heiligen Familie. Das war nicht nur damals so. Das ist bis heute so geblieben. Auch heute haben Menschen in vielen Teilen der Welt Angst vor den Soldaten und ihren Waffen. Sie müssen fliehen, um nicht umgebracht zu werden.

Die Erzählung des Matthäus von der Flucht der Heiligen Familie lässt das alles nur erahnen. Auch sie kennt natürlich die Nöte des menschlichen Lebens. Matthäus verharmlost nichts. Aber er deutet nur an. Er weiß um die Grausamkeiten, vor denen die Mächtigen nicht zurückschrecken und mit denen sie ihre Macht behaupten wollen. Er stellt uns Herodes als Verkörperung all dieser Tyrannen und ihrer Tyrannei vor Augen. Er spricht auch davon, dass Menschen aus Angst um ihr Leben gezwungen sind, ihre Heimat zu verlassen und zu fliehen. Aber er erzählt das alles äußerst sparsam und nur auf das Nötigste beschränkt.

Was er erzählt, ist allerdings beängstigend und bedrückend. Aber – und das will Matthäus uns vor allem anderen sagen: Es gibt Rettung. Es gibt Hilfe von Gott. Bei Matthäus wird sie nur in äußerst knappen Worten aus der Sicht des Josef erzählt: Da stand er auf, und nahm das Kindlein und seine Mutter mit sich bei Nacht und entwich nach Ägypten und blieb dort bis nach dem Tod des Herodes.

Das ist natürlich eine extrem karge Erzählweise. Das kann in der Legende nicht so bleiben. Die Rettung wird zum zentralen Punkt. Sie wird in der Legende großartig ausgeschmückt. Der Rosenhag wird uns als eindrucksvolles Bild der Rettung vor Augen gestellt. Denn es lässt sich gut erzählen, wie da die Ranken emporwachsen, als die Soldaten kommen, und die Heilige Familie geschützt und gerettet wird. Das lässt sich dann auch von den Malern sehr gut darstellen. Und sie haben es gerne getan. Sie haben den Rosenhag mit Maria und dem Kind eindrucksvoll gemalt. Der Rosenhag wird ihnen zum Sinnbild der Rettung. Er wird in aller Pracht und Schönheit gemalt, weil er die wundersame Rettung so schön bildhaft deutlich werden lässt.

Die Rettung wird also ausgeschmückt. Warum sie so ausgeschmückt wird, ist deutlich: Das Vertrauen der Menschen in Gottes Hilfe soll gestärkt werden. Wir sollen Vertrauen wagen, trotz allem, was dagegen zu stehen scheint. Das Vertrauen auf das Wirken Gottes soll wachsen. Das ist das Anliegen und Ziel der Ausschmückung durch die Legende.

Die Rettung entsteht in der Legende aus einigen kleinen Samen. Sie gehen auf und werden zu einer großen Hecke, die Schutz bedeutet.

Auch das ist ein aussagekräftiges Bild: Es ist ein Bild dafür, dass Gott sein Werk in dieser Welt im Kind von Betlehem klein und unscheinbar angefangen hat. Aber so unscheinbar ist es nicht geblieben. Die Botschaft Jesu ist über die ganze Welt verbreitet worden. Und ihr Inhalt ist die Rettung, die Rettung der Menschen aus dem Tod in das Leben in Gottes Welt: einer Welt, in der Angst, Flucht und Sterben nicht mehr sein werden.

Und so schließt sich der Kreis: Denn der Rosenhag mit der Quelle, die in seiner Mitte entspringt, ist nichts anderes als ein Bild, das uns schon von den ersten Seiten der Bibel vertraut ist: Es ist das Bild eines Gartens, in dem die Menschen glücklich und in Frieden leben können. Es ist zugleich ein Bild, das uns im letzten Buch der Bibel vor Augen gestellt wird: Es ist jener Garten, der am Anfang war und der am Ende wieder sein wird. Es ist jener Garten, der uns in der Bildersprache der Bibel als Ziel unserer Sehnsucht nach Geborgenheit verheißen wird. Amen.

Martin Schongauer:
Die Madonna in der Rosenlaube. 1473
© – /ARTOTHEK, Bild-Nr. 6125
Als Postkarte zu beziehen beim
Beuroner Kunstverlag,
Artikel-Nr.: 6458

Das Lied der Maria

Predigt zum Lobgesang der Maria (Lukas 1,46–55)

Liebe Gemeinde!

Die Worte, die wir gerade gehört haben, sind das erste und damit älteste Weihnachtslied: das Magnifikat. Man nennt es auch den Lobgesang der Maria. Lukas hat diesen Lobgesang in seinem Evangelium aufgeschrieben. Maria stimmt dieses Lied an, als sie vom Engel die Botschaft hört, durch sie solle der Heiland zur Welt kommen. Ihr Lied bringt ihre Freude zum Ausdruck. Sie lobt Gott mit den Worten:

»Meine Seele erhebt den Herrn, und mein Geist freut sich Gottes, meines Heilands, denn er hat die Niedrigkeit seiner Magd angesehen. … Er stößt die Gewaltigen vom Thron und erhebt die Niedrigen.«

Marias Lied beschreibt, was Gott tut. Marias Lied beschreibt Gottes Plan mit unserer Welt.

Lassen Sie mich Marias Lied und ihre Worte zusammenbringen mit der Weihnachtsgeschichte. Denn das Weihnachtsevangelium kann das Lied der Maria geradezu illustrieren.

Wie im Lied der Maria ist im Weihnachtsevangelium die Rede von den Gewaltigen, also den Großen der Weltpolitik. Zugleich ist die Rede von der Niedrigkeit, also von armen Hirten und der Not einer Schwangeren, die unterwegs ist und keinen Raum in der Herberge findet.

Schauen wir uns nach diesen ersten Andeutungen noch etwas genauer an, was in der Weihnachtsgeschichte über Hoch und Niedrig gesagt wird.

Das Erste, wovon die Weihnachtsgeschichte spricht, ist der Kaiser in Rom. Die Weihnachtsgeschichte fängt also nicht wie ein Märchen mit den Worten an »Es war einmal …«, sondern sie spricht von der rauen Wirklichkeit unserer Welt: Sie spricht von der Politik. Sie spricht von dem mächtigsten Mann der damaligen Welt, dem Kaiser in Rom.

»Es begab sich aber zu der Zeit, dass ein Gebot ausging von dem Kaiser Augustus«.

Der Kaiser braucht Geld. Deshalb die Volkszählung, zu der sich auch Maria nach Betlehem aufmacht.

Von Maria und der Not, dass sie bald gebären wird, weiß der Kaiser in Rom nichts. Er macht Weltpolitik. Er ahnt nicht, dass in dieser Nacht die Weltpolitik nicht in Rom gemacht wird, sondern in einem ganz unbedeutenden Winkel seines Weltreiches. Das, was die Weltgeschichte ändern wird, geschieht nicht in der Hauptstadt Rom. Gottes Hauptstadt ist in dieser Nacht Betlehem. Gott erhebt die Niedrigen, das heißt, er macht Betlehem zur Hauptstadt des Weihnachtsgeschehens.

Betlehem – welch eine merkwürdige Hauptstadt! Ein Dorf! Ein Provinznest! Dass Gott sich solch ein kleines Dorf aussucht, hat seinen Grund. Es hat seinen Grund in Gottes Plan, die Niedrigen zu erheben. Und das lenkt unseren Blick wieder zu Maria. Sie ist keine hochgestellte Persönlichkeit. »Die Niedrigkeit deiner Magd hast du angesehen«, singt sie in ihrem Lied. Aus diesen Worten hört man heraus, wie erstaunt sie ist, dass Gott gerade sie für seine Pläne ausersehen hat.

Die Weihnachtsgeschichte stellt uns Gottes Plan, ganz unten anzusetzen, nicht nur in der Person der Maria vor Augen, sondern in weiteren Zeichen der Niedrigkeit:

Der Heiland wird in einem Stall geboren. Er wird in eine Futterkrippe gelegt. Die ersten Gratulanten zu seiner Geburt sind ausgerechnet Verachtete der damaligen Gesellschaft: Es sind Hirten, die von den Engeln die Botschaft von der Geburt Jesu erhalten. Hirten, ein Stall, eine Krippe, all das sind Zeichen für die Niedrigkeit, in der Gottes Sohn zur Welt kommt. Sie sind Zeichen für Gottes Programm, ganz unten anzusetzen. Wie der Anfang, so auch das Ende Jesu! Denn so wie Jesu Leben angefangen hat, wird es auch enden. Stand am Anfang ein Stall und kein Königspalast, so steht am Ende das Kreuz statt eines Thrones.

Das Lied der Maria beschreibt den tieferen Sinn des Geschehens. Sie besingt es in ihrem Lied: Die Mächtigen werden sich beugen müssen. Die Macht der Liebe Gottes zum Niedrigen und Geringen wird durch das Kind in der Krippe ihren Anfang nehmen. Sie wird beginnen sich durchzusetzen. Maria weiß: Mit der Geburt Jesu hat Gott etwas in Gang gesetzt, das noch nicht zu Ende ist: Die Mächtigen stürzt er vom Thron, und die Niedrigen erhebt er.

Es gibt in Israel eine Stelle, wo einem ganz besonders deutlich werden kann, was die Worte der Maria aussagen wollen: Es ist der Herodesberg, jener Ort, wo einst der Palast des Herodes stand, ein Palast, für den eigens ein Berg in Sklavenarbeit aufgeschüttet wurde. Ein Palast ausgestattet aufs Prächtigste. Ein antiker Geschichtsschreiber berichtet, dass dieser Palast des Herodes mit verschwenderischem Reichtum ausgestattet war, und er erzählt von den rauschenden Festen, die dort gefeiert wurden.

Von der Macht des Herodes ist heute nichts mehr übrig geblieben – außer ein paar Ruinen und Trümmern. Geblieben aber ist die Verehrung des machtlosen Kindes von damals, das in der Armseligkeit eines Stalles geboren wurde. In die Steine der Ruinen des Herodespalastes haben Mönche das Christuszeichen eingeritzt, um zu zeigen: Die Macht der Mächtigen vergeht. Gott aber erhebt die Niedrigen.

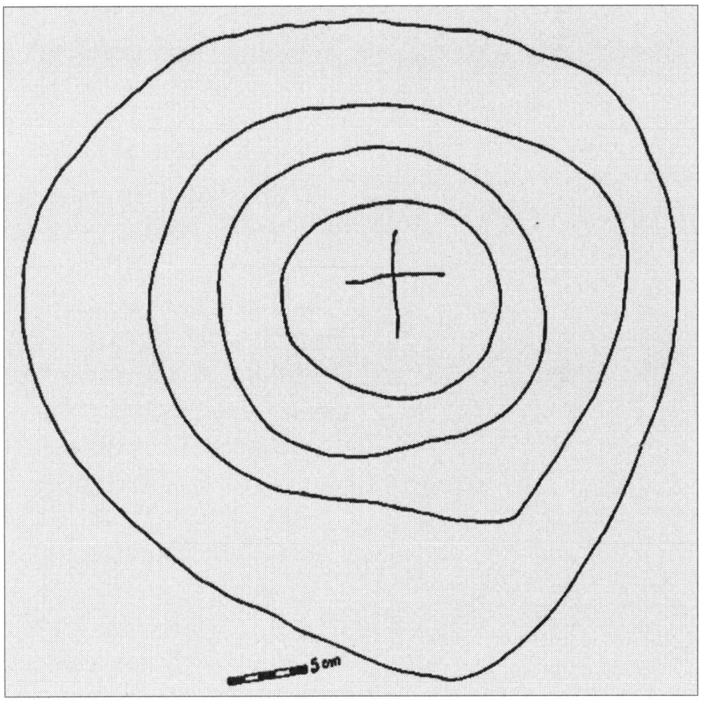

Graffitti »Kosmisches Kreuz« aus dem Herodion.

Wenn das aber so ist, dann kann das Lied der Maria unsere Sehnsucht und unseren Glauben daran stärken, dass nicht die Macht der Stärkeren am Ende in unserer Welt die Oberhand behalten wird, sondern Gottes Gerechtigkeit und sein Friede. Amen.

Heute ist der Heiland geboren

Die Weihnachtsgeschichte nach Lukas 2,1–20 als Rückengeschichte erzählt

(Die Kinder kommen paarweise zusammen. Sie setzen sich vielleicht auf eine Decke. Sind es viele Teilnehmer/innen, kann man sich in einem Innen- und Außenkreis aufstellen und jede/r benutzt den ihm/ihr zugewandten Rücken zum Erzählen.

Zunächst wird die Tafel/der Rücken sanft sauber gewischt! Dann kann die Rückengeschichte – parallel zur Erzählung – gestaltet werden. Die vorgeschlagenen Gesten können von einem/r zweiten Sprecher/in angeleitet werden.)

Das Signalhorn war nicht zu überhören. Von überall her **eilten** die Bewohner der Stadt Nazaret auf den Marktplatz.

(Mit den Fingern von allen Seiten zur Mitte krabbeln.)

Die Stimme des Herolds **erschallte** über den ganzen Platz und darüber hinaus in jedes Haus:
»Kaiser Augustus befiehlt: Macht euch auf in die Stadt eurer Väter. Dort lasst euch zählen.«

(Mit den Handflächen von der Mitte aus in alle Richtungen über den Rücken streichen.)

Viele lebten schon seit Generationen in Nazaret. Und so **gingen** sie zum Herold und **trugen sich** gleich dort **mit ihren Namen** in Steuerlisten ein.

(Die Finger krabbeln von den Seiten zur Mitte. Mit einem Finger seinen Namen schreiben.)

Josef aber machte sich zusammen mit Maria auf den Weg nach Betlehem. Sie **ritt** auf einem Esel, den Josef vorsichtig über Stock und Stein führte.

(Mit den Händen die Schultern fassen und leicht rhythmisch hin und her bewegen.)

Die Reise war mühsam, besonders für Maria. Sie war schwanger und **erwartete** bald ihr Kind.
Oft machten sie eine Pause und Josef **klopfte** Maria den Rücken – knetete sie – streichelte sie.

(Die Hände auf den Schultern ruhen lassen. Behutsam und ausgiebig massieren.)

Hin und wieder saßen beide auf und **ritten** mit dem Esel über Hügel und durch Täler nach Betlehem.

(An den Schultern fassen, hin und her bewegen.)

In jeder Herberge **klopften** sie an, aber es war kein Platz mehr frei.

(Mit der Faust leicht an verschiedenen Stellen anklopfen.)

Am Ende fanden sie einen leeren Viehstall.
Josef **breitete** Stroh auf dem Boden **aus** und für Maria eine Wolldecke, damit sie **dort lagern** konnten.

(Die Finger gleiten über den ganzen Rücken. Eine Handfläche auflegen; dann die andere.)

Mitten in der Nacht geschah es: Jesus **kam** zur Welt.

(Faust auflegen, Finger spreizen, stillhalten.)

Maria **wickelte** das Kind in Windeln und **legte** es liebevoll in die Futterkrippe mit Stroh.

(Handkanten von links und rechts zur Mitte führen. Handflächen drehen und auflegen.)

Immer wieder **streichelte** sie ihr Kind und sagte: »Jesus, mein Jesus!«

(Mehrmals kurz streicheln.)

Noch ahnte niemand, was geschehen war. **Oder?**

(Ein Fragezeichen auf den Rücken malen.)

In derselben Nacht **saßen** Hirten auf dem Felde und wärmten sich am Lagerfeuer. Das **knisterte** heftig.

(Handfläche mehrmals auflegen. Mit den Fingern kraulen.)

Plötzlich leuchtete es taghell. Ein Licht, heller als die Sonne, **breitete sich** über das ganze Land **aus**.

(Handflächen streicheln sanft über den Rücken.)

Die Hirten **zitterten** vor Angst.

(Mit der Handfläche mehrmals schnell klopfen.)

Da **sprach mit klarer Stimme** ein Engel zu ihnen: »Fürchtet euch nicht! Siehe ich verkünde euch große Freude, die allen widerfahren wird. Denn euch ist Christus geboren, der Heil und Segen bringt!«

(Hände ruhen auf den Schultern.)

War das alles **nur** ein Traum?

(Ein Fragezeichen malen.)

Aber nein. Engelgesang **erfüllte die Nacht** und berührte die Herzen der Hirten: »Ehre sei Gott und Friede auf Erden, den Menschen ein Wohlgefallen!«

(Eine Handfläche in der Mitte auflegen und spiralförmig nach außen streichen.)

Dann wurde es wieder Nacht und die Hirten **liefen unruhig hin und her** und riefen einander zu: »Was hat der Engel gesagt? In Betlehem ist er geboren? Christus, der hilft und heilt? Kommt schnell! Lasst uns sehen, was in Betlehem geschehen ist!«

(Mit Fingerspitzen hin und her tappen.)

Als sie im Stall ankamen, da sahen sie **Maria und Josef** an der Krippe stehen.

(Die eine Handfläche links auflegen. Die andere Handfläche rechts auflegen.)

Und das Kind, so meinten sie, **lächelte** ihnen zu.

(Ein lachendes Gesicht malen.)

Die Hirten erzählten, was sie auf dem Feld erlebt hatten. Und Maria behielt alles in ihrem **Herzen**.

(Ein Herz malen.)

Die Hirten aber **liefen** in die Stadt Betlehem und riefen den Leuten zu: **»Heut ist der Heiland geboren!«**

(Mit den Fingern krabbeln. Ein Kreuz aufmalen.)

Ewald Schulz

Der Stern erleuchtet den Weg

Eine Kerzengeschichte nach Matthäus 2,1–12

Die benötigten Tücher können beim Verlag Junge Gemeinde bestellt werden: www.junge-gemeinde.de

Vorbemerkungen

Beim Erzählen und Stellen der Kerzen, beim Ausbreiten der Tücher und Legen der Holzklötze oder Holzstücke genügend Zeit lassen, um die Zuhörer/innen beim Ausüben dieser Handlungen in die Spannung mit hineinzunehmen.

Grundregel
Erst die Gegenstände stellen bzw. legen, dann erzählen. Alternative: Eine Person legt die Gegenstände, eine andere erzählt.

Material
— Betlehemstern: hohe, weiße (Kindergottesdienst-)Kerze auf gelbem Rundtuch
— Drei Weise: drei Stumpenkerzen, die ihre Königsgaben symbolisieren (hellbraun = Myrrhe, cremeweiß = Weihrauch, golden = Gold)
— Herodes: schwarze Stumpenkerze auf goldenem Holzuntersetzer
— Gelehrter am Hofe des Königs: lila Stumpenkerze
— Maria: blaue Rundkerze
— Josef: grüne Stumpenkerze
— Jesus: kleine rote Kerze oder rotes Teelicht
— Weg aus dem Osten nach Betlehem: zwei dunkelblaue Tücher
— Palast des Herodes: vier goldene Holzklötze auf braunem Vierecktuch
— Betlehem: gelbes Rundtuch, auf dem der Stern steht
— Weg von Betlehem zurück in die Heimat: ein sandfarbenes Tuch
— Goldspray oder goldene Acrylfarbe für die Holzuntersetzer oder -klötze
— Streichhölzer

Erzählung

Urplötzlich flammt ein Licht auf. Ein Stern, heller als alle Sterne am Himmel, leuchtet hinab auf die Erde.

(Gelbes Rundtuch im Abstand von ca. 1,5 m vor sich hinlegen. Die Sternkerze in weitestem Abstand vom Erzähler auf den Innenrand des Tuches stellen und während des Erzählens anzünden.)

Sterndeuter, weise Männer aus dem Osten, sehen den Stern aufgehen. In zahlreichen Nächten haben sie das Himmelszelt durchforscht. Heute Nacht sind sie fündig geworden. Und sie wissen genau, was das bedeutet. Aufgeregt sprechen sie miteinander:

(Die Kerzen für die drei Weisen – gold, creme, braun – vor sich hinstellen.)

»Sollte sich der Traum der Menschen endlich erfüllen: Friede auf Erden?«

(Goldfarbene Kerze des 1. Weisen entzünden.)

»Unsere Berechnungen stimmen: Der Stern ist aufgegangen, genau über Israel, so wie es in den alten Schriften geschrieben steht.«

(Cremefarbene Kerze des 2. Weisen entzünden.)

»Dann stimmt es. Der Friedenskönig ist geboren.«

(Hellbraune Kerze des 3. Weisen entzünden.)

Und sie machen sich auf den Weg. Am Tage rasten sie, um sich vor der Sonne zu schützen und sich auszuruhen.

(Dunkelblaues Tuch als Weg von den Weisen-Kerzen aus nach oben legen. Weisen-Kerzen auf das Tuch stellen.)

In den Nächten aber folgen sie unermüdlich dem Stern. So wie es geschrieben steht: »Weise, hohe Würdenträger aus fernen Landen, machen sich auf und folgen dem Stern.« – Die Weisen aus dem Osten wissen: Es bricht eine neue Zeit an. Und sie wollen dabei sein.

(Weisen-Kerzen an das Ende des blauen Tuches stellen.)

Ihr einziger Wunsch ist es, den neugeborenen Friedenskönig zu ehren. »Mache dich auf und werde Licht.«

(Den Kanon, s. DS 136, EG RT, LJ 451, gemeinsam singen, bis der Palast steht. – Für den Palast wird ein braunes Vierecktuch 40 x 40 cm an das Ende des Wegs gelegt. In die Mitte des Tuches werden goldene Holzuntersetzer gelegt. Die schwarze Herodes-Kerze wird aufgestellt. Daneben zwei goldene Haussäulen stellen, zwei Säulen dahinter. Die Herodes-Kerze entzünden.)

Nach tagelanger Reise erreichen sie Jerusalem.
Dort werden sie von König Herodes in seinem Palast empfangen.
Sogleich kommen sie auf das Wichtigste zu sprechen: »Wo ist der neugeborene Friedenskönig?«
Als Herodes das hört, erschrickt er sehr.
Auch sein Hofstaat ist entsetzt und hält erschrocken den Atem an. Alle in Jerusalem denken: »Ist es wahr? Der Friedenskönig ist da?«

(Die lilafarbene Kerze für die Gelehrten an der Herodes-Kerze entzünden und dazustellen.)

Als das Herodes wiederum hört, erschrickt er umso mehr und seine Gedanken verfinstern sich.

(Herodes-Kerze ausblasen.)

Die Berater des Herodes finden in den alten Schriften die Antwort: »In Betlehem aus dem Hause Davids wird der Friedensfürst geboren und für die Menschen ein guter Hirte sein. So steht es geschrieben durch den Propheten Micha.«
Für Herodes stellt der Friedenskönig eine Gefahr dar. Herodes denkt: »Ich bin und bleibe König!«

(Die Herodes-Kerze dicht an die Weisen-Kerzen stellen.)

Voller Tücke lässt er die Weisen heimlich zu sich kommen. Als sie in den Königssaal treten, kommt er auf sie zu und spielt den Freundlichen: »Geht zu dem Kind! Wenn ihr's findet, so sagt es mir. Ich will sogleich kommen, um es anzubeten.«

(Ein zweites dunkelblaues Tuch wird vom Palast weg nach links gelegt. Am Ende wird ein gelbes Rundtuch für Betlehem ausgebreitet und die Stern-Kerze darauf gestellt. Die Weisen-Kerzen auf das dunkelblaue Tuch stellen.)

Es ist eine sternenklare Nacht. Auf ihrem Weg sehen die Weisen den Stern ganz deutlich über Bethlehm stehen. Vertraut reden sie miteinander: »Warum hat uns der Stern hierher in die Stadt des Herodes, geführt?« – »Ich glaube, dass zuerst Jerusalem von dieser Geburt erfahren sollte.« – »Hm! Und warum ist dann keiner aus Jerusalem mitgekommen?«

(Die blaue Kerze für Maria, die grüne für Josef und die rote für Jesus auf das gelbe Rundtuch stellen und entzünden.)

Als sie das Haus sehen, das vom Stern hell erleuchtet wird, ist ihr Herz voller Freude.
Die Weisen gehen hinein und bringen dem neugeborenen Kind seine Königsgaben: Gold für Jesus, damit ewig herrsche Friede und Liebe auf Erden.

(Die goldfarbene Kerze auf das gelbe Rundtuch stellen.)

Weihrauch: als Zeichen für Jesus, der den Menschen hilft und der im Gebet mit Gott steht.

(Cremefarbene Kerze dazustellen.)

Und Myrrhe: ein schützendes Öl für das Kind. Denn Jesus ist der Gesalbte, der Immanuel, das heißt: Gott mit uns.

(Hellbraune Kerze dazustellen.)

Im Traum aber warnt Gott die Weisen, zu Herodes zurückzukehren.

(Sandfarbenes Tuch als Weg vom Haus aus nach unten in Richtung des Erzählers legen, darauf die Weisen-Kerzen stellen.)

Und so ziehen sie auf einem anderen Weg zurück in ihr Land. Überall verkünden sie dort: »Jesus ist geboren. Der Friedenskönig ist da. Gott ist mit uns. Friede überall!«

Ewald Schulz

5. Weihnachtsspiele

Betlehem – Haus des Brotes

Ein Krippenspiel für Kinder ab Kindergartenalter

Vorbemerkungen

Inhalt

Betlehem heißt aus dem Hebräischen übersetzt »Haus des Brotes«. Die Hirten nehmen Brot mit zum Kind in der Krippe. Sie teilen und essen das Brot zusammen mit Maria und Josef.

Das wird im Spiel als ein Hinweis auf das spätere Wirken Jesu gedeutet.

Personen

Erzähler/in	1.Hirte
(Jugendliche/r oder Erwachsener)	2.Hirte
Maria	3.Hirte
Josef	Engel
Wirt	

Requisiten

Wirtshausschild
Krippe
Einige Holzscheite als Hirtenfeuer
Brot und Brotscheiben auf flacher Schale
Schaffelle, auf denen die Hirten sitzen und liegen können.

Kleidung

Maria: Kopftuch und Umhang
Josef: Stock und Hut
Wirt: Schürze oder Geschirrtuch aus dem Hosenbund hängend
Engel: weißes Gewand mit Flügeln
Hirten: Stöcke und Umhänge

Erzähler/in: Maria und Josef sind auf dem Weg nach Betlehem. Sie sind schon lange unterwegs. Für Maria ist der Weg besonders schwer, denn sie bekommt bald ein Kind.
Es ist Abend. Es dauert nicht mehr lange, dann wird es dunkel. Sie suchen eine Herberge für die Nacht.

Maria: Ach, Josef, ich bin so müde. Wir müssen einen Platz finden, wo wir schlafen können.

Josef: Ich werde in dem Haus da vorne fragen, ob sie ein Bett für uns freihaben.
(Er klopft beim Wirtshausschild an.)

Wirt: Ja, bitte? Was wollt ihr?

Josef: Wir suchen eine Herberge für die Nacht! Wir sind schon den ganzen Tag unterwegs und Maria bekommt doch bald ein Kind!

Wirt: Ich habe keinen Platz mehr im Haus! Alle Zimmer sind vermietet. Sogar im Keller und auf dem Dachboden schlafen Gäste! Aber, da fällt mir ein: Ich habe noch im Stall Platz. Bei den Tieren ist es warm und ihr könnt euch auf das Stroh legen.

Maria: Das ist gut! Danke!
(Sie gehen in den Stall, der mit einer Krippe angedeutet wird.)

Erzähler/in: In der Nähe sind einige Hirten mit ihren Schafen auf dem Feld. Es ist kalt. Sie wärmen sich am Feuer.

1. Hirte: Rückt näher ans Feuer, dann könnt ihr euch wärmen.

2. Hirte: Ich habe Hunger.

3. Hirte: Wir haben nur noch dieses eine Brot! Das muss auch noch für morgen reichen.

1. Hirte: Es ist schlimm! Als Hirten müssen wir hart arbeiten. Und dennoch haben wir nicht immer genug zu essen.

2. Hirte: Hier, nehmt jeder eine Scheibe Brot! Der Rest ist für morgen.

Erzähler/in: Die Hirten essen ihr Brot und legen sich dann zum Schlafen ans Feuer.
Auf einmal wird es ganz hell und sie hören einen lieblichen Gesang.

1. Hirte: Was ist das?

2. Hirte: Ich habe Angst!

Engel: Fürchtet euch nicht! Ich bringe euch eine frohe Botschaft!
Für euch ist heute ein Kind geboren! Es ist der Friedenskönig für uns alle. Dort im Stall von Betlehem werdet ihr ihn finden.

3. Hirte: Ein Kind – für uns?

1. Hirte: Kommt, wir gehen, und suchen den Stall, in dem der neue König sein soll.

2. Hirte: Aber wir können doch nicht einfach dahin gehen.

3. Hirte: Wir haben ja nichts, was wir mitbringen können. Wir sind ja so arm.

1. Hirte: Wir werden unser Brot mitnehmen. Das ist das Wertvollste, was wir haben.

Erzähler/in: Die Hirten gehen nach Betlehem, und finden Maria, Josef und das Kind.

Maria: Kommt herein!

Josef:	Wir freuen uns, dass ihr uns besucht.
Maria:	Schaut nur, in der Krippe liegt unser Kind.
Josef:	Es heißt Jesus und wird für alle Menschen da sein.
2.Hirte:	Wir haben euch Brot mitgebracht.
Maria:	Danke! Aber ihr seht auch hungrig aus.
Josef:	Lasst uns von dem Brot gemeinsam essen. Gott hat uns Brot gegeben, damit wir es teilen.
Erzähler/in:	Josef und Maria teilen das Brot mit den Hirten.
3. Hirte:	Danke!
1. Hirte:	Wir haben euch Brot gebracht. Ihr habt es mit uns geteilt. Das macht uns froh.
Maria:	Bevor ihr geht, will ich euch erzählen, was Gott mir über dieses Kind gesagt hat.
2. Hirte:	Was hat Gott dir erzählt?
Maria:	Wenn Jesus groß ist, wird er für alle Menschen da sein. Er wird allen, die hungrig sind, zu essen geben.
3. Hirte:	Euer Kind bringt Licht und Hoffnung in unser Leben. Das ist genau so wichtig wie das tägliche Brot, vielleicht sogar noch wichtiger!

Kathrin Bräker

Die Geschichte vom König, den nichts erfreuen konnte

Eine neue Weihnachtslegende nach alten Motiven

Vorbemerkungen

Dieses einfache Spiel ist geeignet für Kinder ab Grundschulalter. Der Part des Erzählers, der Erzählerin führt durch die Handlung. Er wird nach Möglichkeit von einer/m Jugendlichen oder Erwachsenen übernommen.

Inhalt

Die drei Könige aus dem Morgenland kommen auf ihrer Suche nach dem neugeborenen König zum Schloss des traurigen Königs. Sie erzählen ihm von dem neugeborenen König, der auch ihn froh machen könne. Nach einigem Zögern begibt sich der traurige König mit seinem Diener auf die Suche. Unterwegs begegnen sie Menschen in Not. Als sie vom König und seinem Diener beschenkt werden und sich freuen, steckt die Freude auch den traurigen König an. Seine Freude ist aber nicht von Dauer. Das ändert sich, als er das Kind in der Krippe sieht. Dort merkt er, dass seine Traurigkeit nun dauerhaft verschwindet. Aber nun kann er dem Kind nichts mehr schenken. Er hat ja alles an Menschen in Not weggegeben. Da fällt ihm ein, dass er sein großes Taschentuch, das ihn stets begleitet hat, nun nicht mehr braucht. Er legt es als Geschenk in die Krippe.

Personen

Erzähler/in
trauriger König
Diener
1.–3. König
Ratgeber
Kind
blinder Junge (stumme Rolle)
Frau
Kinder
1. Mann
2. Mann
1.–3. Hirte
Maria
Josef

Requisiten

Ein sehr großes Taschentuch
Geschenke: Ball, Goldklumpen (Stein mit Goldfolie umwickelt), Flöte
Blindenstock und Blindenarmbinde
Königskronen und Kleidung für die Spieler/innen

1. Szene

Erzähler/in: Die Weihnachtsgeschichte erzählt uns von drei Königen, die nach Betlehem kamen. Auf ihren Weg dorthin trafen sie einen König, von dem nichts in der Bibel steht. Von dem aber will ich euch erzählen. Dieser König war immer traurig. Nichts konnte ihn erfreuen.

Trauriger König: Es ist alles so traurig. Es gibt nichts, was mich froh macht. Diener, gib mir mein Taschentuch.

Diener: Hier ist euer großes, kostbares Taschentuch, edler König!

Erzähler/in: Der König wischt sich die Tränen ab und blickt müde vor sich hin.

Diener: Edler König, soll ich den Spaßmacher holen?

Trauriger König: Nein, dessen Späße kenne ich alle.

Diener: Soll ich die Musikanten holen?

Trauriger König: Nein, die Musik macht mich noch trauriger!

Erzähler/in: Da klopft es am Tor. Der Diener schaut nach und kommt wieder.

Diener: Edler König, da sind drei vornehme Könige am Tor! Soll ich sie einlassen?

Trauriger König: *(wischt sich lange die Tränen aus den Augen)*
Ja! Vielleicht können sie mich aufmuntern.

Diener: Ich hole sie herein.

Erzähler/in: Der Diener öffnet das Tor. Und kaum hat der König sich seine Tränen aus dem Gesicht gewischt, da stehen die drei Könige schon vor ihm.

1. König: Edler König! Wir kommen von weit her.

2. König: Wir suchen einen neugeborenen König.

3. König: Ist er hier im Schloss zur Welt gekommen?

Diener: Hier im Schloss ist schon lange kein Kind mehr geboren worden.

Trauriger König: Mein Sohn ist vor vielen Jahren gestorben. Und seine Mutter ist auch schon tot. Seitdem bin ich traurig.
(schluchzt in sein Taschentuch)

1. König: Bestimmt wirst du wieder froh, wenn du den neugeborenen König siehst.

2. König: Komm mit uns!

3. König: Das wird dir bestimmt helfen.

Trauriger König: Mitkommen soll ich? Nein, dazu bin ich viel zu traurig. Aber nun will ich euch erst einmal gut bewirten lassen. Ihr seid heute meine Gäste!

Erzähler/in: Der traurige König lässt für die drei Könige ein Festmahl zubereiten. Nachdem sie sich ausgiebig gestärkt haben, verabschieden sie sich. Dann machen sie sich weiter auf die Suche nach dem neugeborenen König. Der traurige König aber denkt lange über ihre Worte nach. Dann lässt er seinen Ratgeber zu sich rufen.

Ratgeber: Edler König! Hier bin ich.

Trauriger König: Gib mir einen Rat. Soll ich den drei Königen folgen?

Ratgeber:	Ja! Das wird deine Traurigkeit vertreiben.
Trauriger König:	Und was soll ich dem neugeborenen König mitnehmen? Was soll ich ihm schenken?
Ratgeber:	Alle Kinder spielen gerne. Nimm einen Ball mit. Das kann auch ein Königskind gebrauchen.
Trauriger König:	Nein! Das ist nichts Kostbares! Ich nehme lieber einen Klumpen Gold mit.
Ratgeber:	Dann habe ich noch einen anderen Rat! Nimm deinen treuesten und klügsten Diener mit auf die Reise.
Trauriger König:	Ja, das werde ich tun.

2. Szene

Erzähler/in:	Nun begeben sich der traurige König und sein treuester und klügster Diener auf die Reise. Das kostbare Gold trägt der König selbst. Der Diener aber hat einen Ball im Gepäck. Den hat ihm der Ratgeber mitgegeben. Und er hat seine Flöte eingesteckt, die er immer bei sich hat. Nach einiger Zeit kommen sie in ein Dorf. Auf der Dorfwiese sitzt ein kleines Mädchen und weint herzzerreißend.
Trauriger König:	Was ist mit dir? Warum weinst du?
Kind:	Keiner will mit mir spielen. Ich bin ihnen zu klein.
Trauriger König:	Warum habe ich nur den Ball nicht mitgenommen!
Diener:	Edler König! Ich habe den Ball hier. Der Ratgeber hat ihn mir gegeben.
Trauriger König:	Dann gib dem Mädchen den Ball!
Diener:	Hier nimm diesen Ball. Er gehört jetzt dir.
Kind:	Danke! Jetzt habe ich einen Ball! Jetzt werden die anderen mit mir spielen.
Erzähler/in:	Da wird das Mädchen froh. Und auch der König freut sich zum ersten Mal seit langer Zeit.
Trauriger König:	Warum bin ich auf einmal so froh?
Diener:	Edler König! Du hast Mitleid mit dem kleinen Mädchen gehabt. Da hast du deinen eigenen Kummer vergessen.
Trauriger König:	Aber ich spüre, dass meine Trauer wiederkommt.

3. Szene

Erzähler/in: Als sie weiter gehen, kommen sie an eine große Stadt. Am Brunnen sitzt ein Junge. Er ist blind. Dem König tut der Junge Leid. Er will ihm eine Freude machen. Er weiß aber nicht wie. Da zieht der Diener eine Flöte aus seiner Tasche.

Trauriger König: Was hast du da?

Diener: Meine Flöte. Ich habe sie immer bei mir. Sie ist aus Weidenholz geschnitzt.

Trauriger König: Kannst du ein Lied für den blinden Jungen spielen?

Diener: Ja, das tue ich gerne.

Erzähler/in: Da spielt der Diener ein schönes Lied für den blinden Jungen. Und als das Lied zu Ende ist, schenkt er dem Jungen die Flöte.

Diener: Hier, nimm diese Flöte! Sie gehört jetzt dir! Ich mache mir eine neue Flöte.

Erzähler/in: Da jubelt der Junge und freut sich. Und zum zweiten Mal freut sich auch der traurige König.

Trauriger König: Warum bin ich auf einmal so froh?

Diener: Edler König! Der Junge hat sich riesig gefreut. Und du hast dich mit ihm gefreut. Dabei hast du deine eigene Trauer vergessen.

Trauriger König: Aber ich spüre, dass meine Trauer wiederkommt.

4. Szene

Erzähler/in: Als sie weitergehen, erreichen sie einen Hafen. Da haben Männer eine Frau und ihre Kinder gefesselt und wollen sie auf ein Schiff bringen. Die Frau wehrt sich und schreit laut um Hilfe.

Frau: Hilfe! Hilfe! Wir sollen in ein fernes Land gebracht werden. Als Sklaven werden wir verkauft!

Kinder: Hilfe! Hilfe!

König: Halt! Lasst die Frau frei! Und die Kinder auch!

1. Mann: Was zahlst du uns dafür?

König: Hier! Nehmt diesen Klumpen Gold!

2. Mann: Einverstanden! Das ist ein gutes Geschäft!

Erzähler/in: So kommen die Frau und ihre Kinder frei. Und als sie dem König danken, wird der so froh wie lange nicht mehr.

Trauriger König: Warum bin ich auf einmal so froh?

Diener: Edler König! Du hast der Frau und den Kindern geholfen. Du hast dich darüber gefreut, dass du ihnen helfen konntest. An deine eigene Trauer hast du nicht mehr gedacht.

Trauriger König: Aber ich spüre, dass meine Trauer wiederkommt.

5. Szene

Erzähler/in: Der traurige König und sein Diener gehen aus der Hafenstadt fort. Sie kommen in ein Gebirge. Dann durchqueren sie eine Ebene. Und weiter und weiter führt sie ihr Weg. Überall fragen sie nach dem neugeborenen König. Sie kommen an eine große Burg. Aber auch dort weiß niemand etwas von einem neugeborenen König. Mutlos wollen sie wieder zurück in ihre Heimat gehen, da begegnen ihnen einige Hirten! Die sind ganz aufgeregt.

1. Hirte: Seht ihr den Stall da hinten! Geht dort hin. Da ist gerade ein Kind geboren worden.

2. Hirte: Es ist der größte König der Welt. Die Engel haben es uns gesagt.

Diener: Ein König, der im Stall geboren wird? Kann das denn sein?

3. Hirte: Es ist wahr!

Trauriger König: Das will ich genau wissen! Wir gehen jetzt da hin!

Erzähler/in: So gehen der traurige König und sein Diener in den Stall.

Maria: Schön, dass ihr zu uns kommt. Das Kind in der Krippe ist Jesus. Er ist der Heiland und Retter.

Josef: Freut euch mit uns über seine Geburt.

Erzähler/in: Da weiß der traurige König, dass er endlich am Ziel angekommen ist. Plötzlich schlägt das Kind die Augen auf und blickt den König an. Der König wird so froh, wie nie zuvor in seinem Leben.

Diener: Jetzt können wir dem neugebornen Kind gar nichts mehr schenken. Wir haben schon alles weggegeben.

Trauriger König: Doch, ich habe noch etwas. Das brauche ich von jetzt an nicht mehr. Das schenke ich dem Kind! Ich decke es mit meinem Taschentuch schön warm zu. Dann muss es nicht frieren.

Erzähler/in:	Mit diesen Worten zieht der König sein großes, kostbares Taschentuch aus dem Gewand, entfaltet es und legt es wie eine Decke in die Krippe.
Trauriger König:	Kind in der Krippe! Du hast mich froh gemacht! Ich danke dir!
Josef:	Wenn Jesus groß ist, wird er viele Menschen froh machen. Er wird den Mutlosen Mut machen. Er wird Kranke gesund machen.
Maria:	Wenn Jesus groß ist, wird er den Menschen von Gott erzählen. Er wird ihnen den Weg zu Gott zeigen. Und sie werden froh werden.
Trauriger König:	Mich hat er jetzt schon froh gemacht!
Erzähler/in:	Von diesem Tag an hat der traurige König all seine Traurigkeit verloren. Und wenn sie ihn wieder überkommen will, dann denkt er an das Kind in der Krippe. Dann ist die Traurigkeit im Nu verflogen und er ist froh.

Die Könige und die Räuber an der Krippe

Krippenspiel für Kindergarten- und Grundschulalter

(Nach einer unbekannten Geschichte)

Vorbemerkungen

Inhalt

Die drei Könige werden in der Wüste von Räubern überfallen. Sie stehlen ihnen die Gaben für das Kind in der Krippe. Dennoch setzen sie ihre Suche fort und huldigen dem Gottessohn. Als sie den Stall verlassen haben, kommen die Räuber in den Stall, um auch dort zu stehlen. Beim Anblick des Kindes in der Krippe ändern sie sich und schenken dem Kind die Gaben, die sie den Königen geraubt haben.

Die Rolle des Erzählers/der Erzählerin ist umfangreich und sollte von einem Erwachsenen übernommen werden. Die übrigen Rollen sind sprachlich bewusst einfach gehalten und lassen sich gut spielen. Die Kamele werden lediglich im Text des Erzählers erwähnt.

Personen	**Requisiten**
Erzähler/in	Königskronen
1.–3. Könige	Taschen
Zwei Räuber	Schwerter
Maria	Goldklumpen (Stein in Goldpapier)
Josef	zwei kostbar aussehende Gefäße
	Krippe
	Gewänder für die Könige,
	Kleidung für die Räuber, Maria und Josef

Erzähler/in: Von drei Königen will ich euch erzählen. In einem fernen Land hatten sie Nacht für Nacht die Sterne beobachtet. Lange hatten sie nichts Ungewöhnliches gesehen. Aber dann geschah es. Sie entdeckten einen besonders hellen Stern.
Da wussten sie: Das ist ein Zeichen Gottes. Ein ganz besonderer König ist geboren worden – weit weg in einem fernen Land. Und sie beschlossen, dorthin zu reisen. Der Stern würde ihnen den Weg zeigen. Sie beluden ihre Kamele mit Proviant. Sie holten Gold aus den Schatzkisten, um es mitzunehmen. Und da sie einen König beschenken wollten, packten sie auch noch Weihrauch und Myrrhe in ihr Gepäck. Das alles wollten sie dem neugeborenen König schenken.
Endlich ist es soweit. Sie brechen auf. Viele Tage und Wochen sind sie unterwegs. Der Weg ist mühsam. Sie sind müde und erschöpft.

1. König: Ich kann nicht mehr. Lasst uns hier Rast machen.

2. König: Ich bin auch müde.

3. König: Die Kamele brauchen jetzt auch eine Pause.

Erzähler: Kaum sind die Könige von den Kamelen abgestiegen und haben sich zum Ausruhen hingesetzt, da kommen Räuber aus dem Gebüsch und stürzen sich auf die Könige. Ehe sich die Könige wehren können, sind sie entwaffnet.

1. Räuber: Was habt ihr da in eurem Gepäck?

1. König:	Etwas zu essen und zu trinken.
2. Räuber:	Bestimmt habt ihr auch etwas Wertvolles bei euch.
1. Räuber:	Sagt die Wahrheit, sonst bringen wir euch um!
3. König:	Gold, Weihrauch und Myrrhe.
1. Räuber:	Gold! Her damit!
2. König:	Nein, das können wir euch nicht geben.
2. Räuber:	Warum nicht?
3. König:	Wir sind unterwegs zu dem neugeborenen Friedenskönig.
2. König:	Wir wollen ihm das Gold, den Weihrauch und die Myrrhe schenken.
1. Räuber:	Unsinn! Das Gold und das andere Zeug gehören jetzt uns.
2. Räuber:	Wir können das gut gebrauchen. Gebt her!
Erzähler/in:	Die Könige geben den Räubern das Gold, den Weihrauch und die Myrrhe. Als die Räuber gegangen sind, überlegen die Könige, was sie jetzt tun sollen. Sollen sie umkehren? Aber dann hätten sie den weiten Weg ganz umsonst gemacht. Oder sollen sie mit leeren Händen zu dem neugeborenen König gehen? Als sie noch überlegen, sehen sie den Stern über sich funkeln. Sie zögern nicht länger. Sie gehen dem Stern nach. Endlich bleibt der Stern über einem Stall stehen. Da wissen sie: Wir sind am Ziel. Aus dem Stall scheint Licht in die Nacht hinaus. Die Könige gehen in den Stall. Sie sehen Maria und Josef, die ihr neugeborenes Kind betrachten. Es liegt in einer Krippe. Die Könige gehen in den Stall. Sie begrüßen Maria und Josef. Dann knien sie vor der Krippe nieder.
Maria:	Das ist unser Sohn. Er ist erst ein paar Stunden alt.
Josef:	Er heißt Jesus.
1. König:	Liebes Kind! Von weither sind wir zu dir gekommen. Der Stern hat uns den Weg gezeigt.
2. König:	Leider können wir dir nichts mehr schenken.
3. König:	Die Räuber haben uns alles weggenommen. Wir wollten dir Gold, Weihrauch und Myrrhe schenken. Aber das geht jetzt nicht mehr.
Maria:	Das ist nicht schlimm. Ihr habt uns gefunden. Ihr habt unser Kind gesehen. Das ist doch das Wichtigste.
Josef:	Es ist ein besonderes Kind. Es wird die Menschen froh machen.

Erzähler/in: Maria und Josef erzählen den Königen, dass Jesus der Heiland der Welt ist. Sie erzählen ihnen, dass Jesus die Herzen der Menschen verändern kann. Lange hören die Könige aufmerksam zu. Dann verabschieden sie sich und gehen zurück in ihre Heimat.
Kaum sind die Könige fort, da wird die Tür zum Stall einen kleinen Spalt geöffnet. Vorsichtig schauen die Räuber in den Stall. Sie sind den Königen heimlich bis hierher gefolgt.

1. Räuber: Vielleicht gibt es hier etwas zu stehlen!

2. Räuber: Die Leute sehen aber sehr arm aus.

Räuber: Egal, wir gehen jetzt da rein.

Erzähler: Die Räuber betreten den Stall. Als sie an der Krippe stehen und das Kind ansehen, geschieht etwas Merkwürdiges mit ihnen. Das Kind wacht auf und schaut die Räuber an.
In diesem Augenblick wissen sie nicht wie ihnen geschieht. Sie können nicht anders. Sie greifen in ihre Taschen. Sie holen das Gold, den Weihrauch und die Myrrhe heraus.

1. Räuber: Wir haben etwas für euer Kind mitgebracht. Gold und Weihrauch!

2. Räuber: Und Myrrhe! Das wollen wir ihm schenken.

Maria: Habt ihr das den Königen weggenommen?

Räuber: Ja, aber jetzt wollen wir es nicht mehr behalten. Euer Kind soll es bekommen!

Räuber: Es soll eurem Kind gehören. Die Könige wollten es ihm schenken.

Josef: Schön, dass ihr es jetzt dem Kind schenkt.

Maria: Schön, dass ihr jetzt keine bösen Räuber mehr seid.

Erzähler: Noch eine ganze Weile bleiben die Räuber im Stall bei Maria und Josef und dem Kind. Als das Kind eingeschlafen ist, verabschieden sich die Räuber. Der Besuch an der Krippe hat sie verändert. Von diesem Tag an überfallen die Räuber niemanden mehr.

Ihr Kinderlein kommet

Vorbemerkungen

»Wer ist der Größte im Himmelreich?« – darum haben sich die Jünger gestritten (Matthäus 18,1–5). Jesus stellte ein Kind in ihre Mitte. Niemand ist vom Himmelreich ausgeschlossen. Kinder gehören selbstverständlich dazu. Er segnet sie (Matthäus 19,13–15).

Gott wurde Mensch, ein Kind. Gerade weil er uns so menschlich nahe kommt, ist seine Gegenwart für uns so unerwartet. Er riskiert es, bedroht, verkannt und ausgeschlossen zu sein.

Das Kind wird zum Maßstab, ob wir die »Logik« des Reiches Gottes verstanden haben. Im Kleinen ist Gott mächtig. Das Kleine und Schwache hat er erwählt. Kindern gehört deshalb an der Krippe der erste Platz. Davon handelt dieses Krippenspiel.

Bei diesem Stück sollten vor allem jüngere Kinder schon mitspielen. Die Sprecherrollen übernehmen ggf. Grundschulkinder. Der Text des Erzählers kann von einem Erwachsenen übernommen werden.

Personen

Erzähler (Der Text kann auch abgelesen werden.)
1.–4. Hirte
1.–4. Kind
(Es können weitere Hirten und Kinder mit stummen Rollen mitspielen.)
Engel
Maria
Josef

(Die Hirten stehen in der Mitte vor dem Altar. Die Kinder liegen oder sitzen links auf einer Decke. Rechts, vor dem Tannenbaum, stehen zwei Stühle, davor die Krippe.)

Lied: Ein Licht geht uns auf in der Dunkelheit (DS 212, LJ 344, Strophe 1 + 2)

Erzähler: Es ist Nacht geworden. Dunkelheit liegt über Betlehem. Dunkel liegen die Felder, die Wiesen und die Weiden. Und dunkel ist es auch bei den Hirten. Die Kinder haben sich bereits zum Schlafen hingelegt. Die Eltern haben sie gut zugedeckt, damit sie nicht frieren müssen.
(Ein Hirte deckt die Kinder mit einer Decke zu.)

Erzähler: Bald schlafen die Kinder. Und auch die Schafe schlafen ruhig und friedlich. Nur die Erwachsenen, die stehen und sitzen noch rund ums Feuer. Sie starren ins Feuer, dann wieder ins Dunkel der Nacht hinaus. Schließlich müssen sie aufpassen, dass keine wilden Tiere kommen. Ab und zu spricht einer der Hirten. Ansonsten ist die Nacht dunkel und still.

1. Hirte: *(gähnt)* Bin ich müde!

2. Hirte: War ja auch ganz schön was los heute.

3. Hirte: Diese vielen Leute, die überall herumgelaufen sind.

2. Hirte: Genau. Die einen weg von Betlehem, nach was weiß ich wohin.

3. Hirte: Und die anderen nach hier. So ein Gerenne.

1. Hirte: Davon wurden die Schafe ganz nervös.

2. Hirte: Ja, und ich auch.
(Die anderen lachen.)

Erzähler: Ja, die Hirten haben recht. Es ist einiges los im Moment in dem sonst ruhigen Betlehem. Der Kaiser ist schuld, der Kaiser in Rom. Der will alle seine Untertanen aufschreiben lassen. Und dafür muss jeder in seine Heimatstadt gehen.
Die Hirten, die kommen alle aus Betlehem. Deshalb stehen sie jetzt in der Dunkelheit, sind müde und halten Wache.

Lied: Ein Licht geht uns auf in der Dunkelheit (DS 212, LJ 344, Strophe 3)

Erzähler: Die Hirten halten Wache, wie immer, und es geschieht nichts, wie so oft. Sie werden müde. Einige von ihnen schlafen ein.
(Einige Hirten hocken sich hin.)
Aber mit einem Mal geschieht doch etwas.
(Ein Lichtstrahl leuchtet auf.)
Es wird ganz hell. Die Hirten schrecken auf.
(Engel tritt im Lichtstrahl auf.)
Und da steht jemand. Eine helle Gestalt. Ein Engel.

1. Hirte: Oh, Schreck!

3. Hirte: Was ist denn das?

Erzähler: Die Hirten haben Angst. Schnell wecken sie auch die Eingeschlafenen wieder auf. Und dann stehen sie alle da, mit weit aufgerissenen Augen, und starren den Engel an.

Engel: Habt keine Angst. Es ist eine gute Nachricht, die ich bringe.

2. Hirte: Echt?

Erzähler: Was die Hirten nicht bemerken, ist, dass die Kinder mittlerweile alle wach geworden sind. Sie sitzen auf ihrem Lager und hören zu.
(Die Kinder richten sich auf.)

Engel: Der Retter ist heute geboren. Der Retter für die ganze Welt. Geht und sucht ihn. Es ist ein Kind. Und es liegt in einer Futterkrippe.

Erzähler: Und auf einmal sind da viele, viele Engel. Die singen »Ehre sei Gott in der Höhe!«
(Viele Engel treten auf.)

Alle Engel: Ehre sei Gott in der Höhe! Friede auf Erden den Menschen!
(Eventuell als Kanon: Ehre sei Gott in der Höhe!, EG 26, LJ 34. – Engel treten ab.)

Erzähler: Dann sind die Engel wieder fort. Und die Hirten machen sich fertig zum Aufbruch. Natürlich wollen sie alle den Retter der Welt sehen.

1. Hirte: Lasst uns gehen, den Retter zu suchen!

2. Hirte: Es kann ja nicht schwer sein, ihn zu finden. In einer Futterkrippe. Dann wird er wohl in einem Stall sein.

3. Hirte: Ich packe noch gerade etwas Wolle ein, als Geschenk.

2. Hirte: Gute Idee. Ich nehme noch einen Schafskäse mit, für die Mutter zur Stärkung.

Erzähler: Die Hirten haben nicht bemerkt, dass die Kinder alles gehört haben. Nun aber rufen die Kinder dazwischen.
(Die Kinder stehen auf.)

1. Kind: Ich will auch mit!

2. Kind: Ich auch!

3. Kind: Ich will auch den Retter sehen!

1. Hirte: Das kommt nicht infrage!

2. Hirte: Ihr stört nur das Baby.

3. Hirte: Und außerdem müssen Kinder nachts schlafen.

4. Kind: Wir sind gar nicht müde.

1. Kind: Ich will dem Baby mein Schmusetuch schenken.

2. Hirte: Schmusetuch! So ein Blödsinn!

1. Hirte: Kinder können das sowieso noch nicht verstehen, das Ganze mit dem Retter und so.

3. Kind: Aber ...

3. Hirte: Schluss! Ihr legt euch hin und schlaft, und damit basta!
(Die Hirten treten ab.)

Lied: Ihr Kinderlein kommet (DS 158, EG 43, LJ 44, 1. Strophe)

Erzähler: Die Kinder sind enttäuscht.

1. Kind: Gemein.

2. Kind: Ich bin ganz traurig.
(Schweigen)

1. Kind: Wisst ihr was? Ich gehe doch!

3. Kind: Bist du verrückt?

2. Kind: Die Eltern werden ganz schön schimpfen!

1. Kind: Die haben eben gesungen: »Ihr Kinderlein kommet. Zur Krippe her kommet.« Wir sind Kinderlein. Also gehen wir zur Krippe.

4. Kind: *(lacht)* Das machen wir!

2. Kind: Meinst du?

1.+3. Kind: Ja! Los!

Erzähler: Und so machen sich die Kinder auf den Weg. Eines packt noch sein Schmusetuch als Geschenk für das Baby ein und dann gehen sie los.

Lied: Ihr Kinderlein kommet (DS 158, EG 43, LJ 44, 2. Strophe)
(Maria und Josef setzen sich an die Krippe. Die Hirten stellen sich vor der Krippe mit Maria und Josef auf.)

Erzähler: Die Kinder wissen, wo der Stall ist. Natürlich wissen sie das. Und deshalb gehen sie jetzt dahin.
(Die Kinder gehen zu den Hirten.)

Erzähler: Aber am Stall stehen ja schon die Hirten. Sie sind gar nicht erfreut, die Kinder kommen zu sehen.

1. Hirte: Was macht ihr denn hier?

2. Hirte: Ich glaube, ich sehe nicht richtig!

4. Kind: Wir wollen auch den Retter sehen!

3. Hirte: Ihr sollt schlafen!

1. Kind: Ihr habt gesungen »Ihr Kinderlein kommet.« Also kommen wir.

Erzähler: Da geraten sie richtig in Streit. Und, wie es so ist, wenn man streitet: Sie schreien sich richtig an.

2. Hirte: *(laut)* Müsst ihr denn immer nur Ärger machen?

2. Kind: *(laut)* Du machst Ärger! Jawohl!

1. Hirte: *(laut)* Sei nicht so frech! Ihr geht jetzt zurück nach Hause, aber schnellstens!

Erzähler: Nun hört sogar Maria, dass da draußen etwas vor sich geht.
(Hirten und Kinder treten auf die Seite, sodass man Maria und Josef an der Krippe sehen kann.)

Maria: Was ist denn da los?

Josef: Ich glaube, da gibt es Streit.

3. Hirte: Ach, das sind nur diese Kinder.

Josef: Kinder?

1. Hirte: Die wollten einfach nicht gehorchen. Und jetzt stehen sie hier vor dem Stall und machen Lärm.

4. Kind: Wir wollen auch zum neugeborenen Retter!

Alle Kinder: Wir wollen auch zum Retter!

Josef: Dann kommt doch!

Maria: Jeder darf zu Jesus, zu unserem Retter, kommen.

Josef: Bei Gott sind die Kinder sogar besonders willkommen!

(Die Kinder treten zur Krippe.
Das Kind mit dem Schmusetuch legt dieses auf die Krippe.)

Erzähler: Und so kommen auch die Kinder zur Krippe. Und, wer weiß – vielleicht freut sich das Baby ja sogar ganz besonders über das Schmusetuch.

Lied: Zu Betlehem geboren (DS 156, EG 32, GL 140, LJ 37)

Inken Weiand

Wie der Teufel an die Krippe kam

Ein Weihnachtsspiel nach Motiven aus Spanien und Mexiko

Vorbemerkungen

Eine ungewöhnliche Weise wie die Weihnachtsgeschichte hier dargeboten wird. Teenies und Jugendliche haben daran aber sicher Gefallen und vielleicht kann man ihnen das Krippenspiel damit schmackhaft machen, das sie sonst bereits als »Kinderkram« abtun. Dabei spielt es dann auch keine Rolle, dass bei den Versuchungen des Teufels die damalige und heutige Zeit vermischt wird. Das Spiel ist mit viel Humor gewürzt.

Inhalt

In einer Rahmenhandlung treffen sich der Erzengel Gabriel und Luzifer, der Oberteufel, im Weihnachtsgottesdienst. Gerade wird ein Krippenspiel aufgeführt. Es entfaltet zunächst die Weihnachtsgeschichte. Als die Hirten sich auf den Weg begeben, um das Kind in der Krippe zu sehen, begegnet ihnen unerkannt der Teufel.
Er versucht sie mit viel Überredungskunst davon abzuhalten, zum Stall von Betlehem zu gelangen: Er lädt sie ins Wirtshaus ein. Er pokert mit ihnen. Er überredet sie, bei einem Casting mitzumachen.
Aber dann drängen die Hirten doch darauf, zu sehen, was die Engel ihnen berichtet haben. In seinem Übereifer, sie noch an der Stalltür davon abzubringen, findet sich der Teufel plötzlich mitsamt den Hirten an der Krippe wieder. Von den Engeln dort wird er lauthals ausgelacht und flieht aus dem Stall – so wie zuvor schon Luzifer aus der Kirche geflüchtet war.
Die Rahmenhandlung wird wieder aufgenommen, indem Gabriel den Gottesdienstbesuchern ein frohes Fest wünscht und sich aufmacht, um Luzifer von seinem Plan abzuhalten, die Andacht der Gläubigen in einem anderen Gottesdienst zu stören.

Personen

Erzähler/in	Ausrufer	Wirt
Sprecher/in	1. Hirte	1. Engel
Gabriel	2. Hirte	2. Engel
Luzifer	3. Hirte	3. Engel
Maria	4. Hirte	Teufel
Josef		

Requisiten

Krippe
Schilder für die Wirtschaft, den Grillplatz, das Casting in der Goldene Traube
Tisch, Gläser, Tablett als Wirtschaft
Kartenspiel
Verkleidung für Maria, Josef, die Engel und die Hirten
Gabriel und Luzifer sind nicht verkleidet.
Der Teufel legt beim Auftreten seine Hörner und sein Gewand ab und trägt Alltagskleidung.

Prolog

(Luzifer und Gabriel kommen durch die Kirche und betreten von unterschiedlichen Seiten die Bühne.)

Gabriel: Hallo Luzifer, alter Teufel! Du traust dich in eine Kirche?

Luzifer: Na ja, ist ja eine evangelische – da riecht es wenigstens nicht so streng nach Weihrauch. Davon wird mir immer schlecht.

Gabriel: Und wo hast du deine Hörner und den Pferdefuß gelassen? Du willst heute wohl unerkannt bleiben.

Luzifer: Was du nicht alles merkst! Aber du hast ja heute auch deine Flügel abgeschnallt. Und bist in Zivil gekommen.

Gabriel: Ach, weißt du: Wir Engel brauchen nicht immer Flügel. Wir sehen gerne mal so aus wie ganz normale Menschen. Aber sag mal: Was machst du eigentlich hier?

Luzifer: Was ich immer mache! Ich bringe die Leute auf gute Gedanken.

Gabriel: Du meinst, du bringst sie auf schlechte Gedanken.

Luzifer: Das hast du gesagt! Jedenfalls schicke ich den Leuten hier in der Kirche alle möglichen Gedanken, die sie ablenken. Dann sind sie nicht mehr so schrecklich andächtig! Und ich hab meinen Spaß!

Gabriel: Da funke ich dir aber dazwischen. Da kannst du Gift drauf nehmen.

Luzifer: Ich habe da so meine Tricks!

Gabriel: Die dann doch nicht funktionieren. Übrigens: Heute wirst du dich ärgern. Gleich, bei dem Weihnachtsstück.

Luzifer: Wieso?

Gabriel: Weil die Leute heute alle über dich lachen werden.

Luzifer: Pah! Das glaube ich nicht.

Gabriel: Warte es ab! Du kommst in dem Weihnachtsstück vor. Ich weiß es. Ich war schon bei den Proben dabei. Die spielen, wie du dich damals in Betlehem blamiert hast!
Achtung! Es geht los! Da kommen schon die Sprecher der Weihnachtsgeschichte.
(Gabriel und Luzifer gehen auf die Kanzel oder eine Empore.)

Die Weihnachtsgeschichte

Sprecher/in: Wir hören die Weihnachtsgeschichte wie sie aufgeschrieben ist bei Lukas im 2. Kapitel:
»Es begab sich aber zu der Zeit, dass ein Gebot von dem Kaiser Augustus ausging, dass alle Welt geschätzt würde.
Und diese Schätzung war die allererste und geschah zu der Zeit, da Quirinius Statthalter in Syrien war. Und jedermann ging, dass er sich schätzen ließe, ein jeder in seine Stadt.
(Maria und Josef treten auf.)

Da machte sich auf auch Josef aus Galiläa, aus der Stadt Nazaret, in das jüdische Land zur Stadt Davids, die da heißt Betlehem, weil er aus dem Hause und Geschlechte Davids war, damit er sich schätzen ließe mit Maria, seinem vertrauten Weibe; die war schwanger.«

Josef: Geh ruhig langsam Maria! Der Weg ist noch weit. Dieser blöde Befehl! Der Kaiser will doch nur mehr Steuern für seinen Luxus! Und ausgerechnet jetzt, wo bald das Kind kommt!

Maria: Aber es hilft ja nichts, Josef. Wir müssen nach Betlehem. Und wenn wir Glück haben, dann sind wir wieder zurück bis das Kind kommt.

Josef: Hoffentlich!

Sprecher/in: »Und als sie dort waren, kam die Zeit, dass sie gebären sollte.
(Die Krippe wird aufgestellt. Maria und Josef sitzen an der Krippe.)
Und sie gebar ihren ersten Sohn und wickelte ihn in Windeln und legte ihn in eine Krippe; denn sie hatten sonst keinen Raum in der Herberge.«

Lied: Ich steh an deiner Krippe hier (EG 37, GL 141)
(Krippe zur Seite stellen, Maria und Josef gehen ab.)

Sprecher/in: »Und es waren Hirten in derselben Gegend auf dem Felde bei den Hürden, die hüteten des Nachts ihre Herde.
(Hirten treten auf.)
Und der Engel des Herrn trat zu ihnen, und die Klarheit des Herrn leuchtete um sie; und sie fürchteten sich sehr. Und der Engel sprach zu ihnen:

1. Engel: Fürchtet euch nicht! Siehe, ich verkündige euch große Freude, die allem Volk widerfahren wird; denn euch ist heute der Heiland geboren, welcher ist Christus, der Herr, in der Stadt Davids. Und das habt zum Zeichen: ihr werdet finden das Kind in Windeln gewickelt und in einer Krippe liegen.

Sprecher/in: Und alsbald war da bei dem Engel die Menge der himmlischen Heerscharen, die lobten Gott und sprachen:

2. und 3. Engel:
Ehre sei Gott in der Höhe und Friede auf Erden bei den Menschen seines Wohlgefallens.

Sprecher/in: Und als die Engel von ihnen gen Himmel fuhren, sprachen die Hirten untereinander:
Lasst uns nun gehen nach Betlehem und die Geschichte sehen, die da geschehen ist, die uns der Herr kundgetan hat.«

So schreibt es Lukas in seiner Weihnachtsgeschichte. Sie ist immer wieder ausgeschmückt worden. Vor allem was die Hirten angeht, ist sie ausgeschmückt worden. Zum Beispiel so, wie wir euch das heute zeigen.

1. Hirte: Kommt, wir gehen nach Betlehem. Das Kind in der Krippe müssen wir uns ansehen!

2. Hirte: Ob es wirklich der Heiland ist, auf den wir schon so lang warten?

3. Hirte: Der Engel hat es gesagt.

4. Hirte: Also los! Worauf warten wir noch?
(Die Hirten brechen auf und gehen während des Erzählertextes durch die Kirche.)

Erzähler/in: Da brachen die Hirten mitten in der Nacht auf, um das Kind in der Krippe zu sehen.
Und noch einer machte sich auf den Weg – der Teufel. Er hatte sich so gekleidet, dass er nicht als Teufel zu erkennen war.
(Der Teufel legt auf offener Bühne Alltagskleidung an.)

1. Verführung: Das Wirtshaus

Teufel: *(Er geht hinter den Hirten her.)*
Ich muss sie daran hindern, an die Krippe zu kommen. Sonst glauben sie noch den Sprüchen, die der Engel abgelassen hat. Ich muss mir was einfallen lassen! Aber was? …
Halt! Ich habe eine Idee: Da hinten gibt es eine Wirtschaft. Vielleicht hat die noch offen! Da müssen sie dran vorbeikommen. Also schnell dahin, damit ich vor den Hirten da bin!

Erzähler/in: Außer Atem kommt der Teufel an der Wirtschaft an. Er bleibt draußen stehen. Er schaut durch das Fenster hinein. Drinnen geht es hoch her. Aber ein Tisch ist noch frei.
(Der Wirt baut seine Wirtschaft auf: Tisch, Gläser, Tablett.)

Teufel: Ha, das passt ja gut. Da kommen auch schon die Hirten. Hallo, ihr vier! So spät noch unterwegs?

1. Hirte: Ja, wir suchen einen Stall. Da ist ein besonderes Kind geboren. Das wollen wir sehen.
Weißt du wo so ein Stall ist?

Teufel: Nein, weiß ich nicht. Aber ihr seht so aus als hättet ihr Hunger und Durst. Kommt, ich gebe euch einen aus!

2. Hirte: Nein, wir wollen weiter.

3. Hirte: Hm, ist aber keine schlechte Idee. Mein Magen knurrt gewaltig. Und ich habe einen Riesendurst. So ein frisch gezapftes Kölsch! Das wäre jetzt genau das Richtige!

4. Hirte: Oder ein kühles Weizen!

1. Hirte: Es braucht ja nicht lange zu dauern …

2. Hirte: Und das Kind, das wir sehen wollen?

3. Hirte: Das läuft uns schon nicht weg!

4. Hirte: Du hast aber auch schon mal bessere Sprüche drauf gehabt!

Teufel: Streitet euch doch nicht! Nun kommt! Ich lade euch ein.
Worauf wartet ihr noch?

Erzähler/in: Da gehen die Hirten mit dem Teufel in die Wirtschaft.

Wirt: Na, was darf es denn sein?

Teufel: Eine Runde Kölsch! Ich übernehme alles für diese Herren!

Wirt: Na dann! Kommt sofort!

Erzähler/in: Der Teufel spendiert Runde um Runde. Und so vergeht eine Stunde nach der anderen. Als der Wirt seine Wirtschaft schließt, sind die Hirten ziemlich betrunken.

Wirt: Ich mach jetzt zu! Verzieht euch! Und gute Nacht!

Erzähler/in: Sie schleppen sich nur noch bis zum nächsten Heuschober, kriechen hinein und schlafen bis zum nächsten Morgen.
(Das Erzählte dabei pantomimisch spielen!)

Lied: Es ist für uns eine Zeit angekommen (EG 545,1.6)

2. Verführung: Das Kartenspiel

Teufel: Da hat mein Plan gestern Abend ja prima funktioniert! Jetzt noch ein oder zwei so gute Einfälle und sie vergessen den Stall und die Krippe. Ich muss nur aufpassen, dass ich vor lauter Eifer nicht selbst in den Stall gerate. Wenn die Engel mich da sehen – nein, das Gelächter möchte ich mir gar nicht erst vorstellen. Der Teufel an der Krippe – nicht auszudenken!
Aber da kommen ja meine vier Freunde. Na, war das nicht ein schöner Abend, gestern.

1. Hirte: Ja, danke für die Einladung.

2. Hirte: Mir tut der Kopf so weh, als würde er zerspringen.

3. Hirte: Ich fühle jeden einzelnen Knochen von der Nacht im Heuschober.

Teufel: Ach, stellt euch nicht so an. Hier, trinkt aus meiner Flasche! Dann geht es euch gleich besser!

4. Hirte: Was ist da drin?

Teufel: Cola! Das macht euch munter!

1. Hirte: Na, gibt schon her!
(Alle trinken.)

2. Hirte: Jetzt wollen wir aber das Kind im Stall sehen! Kommt!

Teufel: Langsam, langsam. Es ist doch noch früh. Das Kind schläft bestimmt noch. Ich hab dahinten am Grillplatz ein leckeres Frühstück für euch vorbereitet. Kommt, und wenn ihr gut gefrühstückt habt, dann könnt ihr euch ja auf den Weg machen.

Erzähler/in: Die Hirten lassen sich überreden. Als sie gefrühstückt haben, zieht der Teufel ein Kartenspiel aus der Tasche.

Teufel: Jetzt noch eine Runde Poker! Das könnt ihr mir nicht abschlagen!

3. Hirte: Aber wir wollen doch …

Teufel: Ja, ja, ich weiß. Aber der Tag ist noch lang. Ihr kommt noch früh genug zum Kind. Ich führe euch auch zum Stall.

4. Hirte: Ach, du weißt wo der Stall ist?

Teufel: Ja, ist gar nicht weit von hier. Jetzt wollen wir aber pokern – um Geld natürlich. Sonst macht es keinen Spaß.

Erzähler/in: So pokern die Hirten mit dem Teufel. Der Teufel lässt sie erst gewinnen.
(Die Hirten brechen pantomimisch in Jubel aus.)
Dann luchst er ihnen das Geld wieder ab.
(Die Hirten sind traurig.)
Da fällt den Hirten ein, dass sie ja eigentlich zum Kind in der Krippe gehen wollen und dass der Teufel ihnen versprochen hat, den Weg zu zeigen …

1. Hirte: So, jetzt wird es aber Zeit für uns. Komm, zeig uns den Weg zum Stall!

2. Hirte: Jetzt wollen wir uns aber nicht mehr aufhalten lassen.

3. Hirte: Ich will jetzt das Kind sehen, von dem der Engel gesprochen hat.

Teufel: Ja, kommt! Lasst uns gehen.
(Er spricht zu sich selbst, etwas abgewandt von den Hirten.)
Jetzt wird es kritisch. Jetzt muss mir schnell wieder etwas einfallen. Da um die Ecke ist nämlich schon der Stall!
(Alle gehen ab.)

Lied: Stern über Betlehem (DS 166, EG RT, EH 193, LJ 326, Strophen 1+2)

Zwischenspiel: Luzifer ergreift die Flucht
(Luzifer und Gabriel auf der Kanzel, Empore oder einem seitlich gelegenen Platz in der Kirche.)

Luzifer: Da haben die doch glatt die uralte Geschichte wieder aufgewärmt. Ich dachte die wäre längst vergessen.

Gabriel: Da hast du dich aber ganz gewaltig getäuscht. Damals haben wir so über dich gelacht. Und das wird heute wieder so sein. Weißt du, über den Teufel lachen – das ist für mich die schönste Weihnachtsfreude!

Luzifer: Ich haue ab. Das muss ich mir nicht bis zum Schluss ansehen. Ich hab jetzt noch im Ohr, wie die Engel mich damals ausgelacht haben.

Gabriel: Geh du ruhig! Dann lenkst du die Leute wenigstens nicht ab, wenn der Pfarrer gleich predigt.
(Luzifer poltert die Treppe runter und verschwindet zügig durch den Mittelgang, wobei er sehr wütend um sich blickt.)

Gabriel: Boh, ist der wütend. Genauso wütend wie damals.
Aber ich sehe, es geht weiter mit dem Spiel.

Der letzte Versuch des Teufels: Ein Casting

Erzähler/in: Inzwischen hat der Teufel die Hirten fast bis zum Stall geführt. Verzweifelt überlegt er, wie er die Hirten davon abhalten kann, weiter zu gehen. Jetzt noch ein paar Schritte weiter, dann ist der Stall zu sehen. Da hat der Teufel endlich einen Einfall.

Teufel: Hört mal, ihr vier. Ich hab da eine tolle Idee. Ihr seht so klasse aus. Ja, wirklich. Seid ihr eigentlich verheiratet?

1. Hirte: Nein, keiner von uns. Wer heiratet schon einen Hirten.

2. Hirte: Wir haben gar keine Zeit, uns eine Frau zu suchen.

3. Hirte: Viel zu viel Arbeit.

4. Hirte: Und selbst nachts sind wir noch bei unseren Schafen draußen.

Teufel: Hört mal! Ich hab da was für euch!

Ausrufer: Hirte sucht Hirtin! Das große Casting für alleinstehende Hirten! Heute um 15.00 Uhr in der »Goldenen Traube«!
Machen Sie mit und finden Sie Ihr ganz großes Glück!

Teufel: Da könnt ihr mitmachen! Fängt in einer halben Stunde an. Ihr wisst doch, die suchen immer neue, unverbrauchte Gesichter.

1. Hirt: Aber da haben wir doch gar keine Chance.

Teufel: Ihr müsst euch halt was zutrauen. Dann habt ihr alle Chancen der Welt!

2. Hirt: Ich weiß nicht!

3. Hirt: Also los! Ich gehe hin. Kommt doch einfach mit.

4. Hirt: Na gut, ich komm mit.

Teufel: Ich drücke euch die Daumen.

Erzähler: Die Hirten gehen wirklich zum Casting in die »Goldene Traube«. Nach ein paar Stunden sind sie enttäuscht. Keiner von ihnen ist genommen worden.

1. Hirte: So, jetzt will ich aber wirklich zum Stall gehen und das Kind sehen.

2. Hirt:	Ja, ich auch.
3. Hirt:	Kommt, jetzt lassen wir uns nicht mehr aufhalten.
Teufel:	Oh weh, hoffentlich kann ich sie noch einmal bremsen! Aber wie?! Habt ihr eigentlich ein Geschenk für das Kind?
4. Hirt:	Nein, haben wir nicht. Aber das ist mir jetzt egal.
1. Hirt:	Ich glaube, du willst uns gar nicht zum Stall führen.
Teufel:	Doch, doch!
2. Hirt:	Dann zeig uns doch endlich den Weg.
Erzähler:	Da bleibt dem Teufel gar nichts anderes übrig, als die Hirten zum Stall zu führen.
Lied:	Kommet ihr Hirten (DS 153, EG 48, LJ 47) *(Währenddessen wird die Krippe aufgebaut.)*
Erzähler:	So kommen die Hirten und der Teufel am Stall an. Die Hirten öffnen die Tür und treten ein. Der Teufel will sie zurückhalten. In seinem Eifer betritt auch er den Stall und steht mit einem Mal zusammen mit den Hirten vor dem Kind in der Krippe.
Teufel:	Oh, hierhin wollte ich doch gar nicht. Schnell weg von hier, ehe die Engel mich sehen.
Erzähler/in:	Da ist es aber schon zu spät. Die Engel lachen ihn aus. *(Die Engel zeigen mit dem Finger auf den Teufel und halten sich die Seiten vor Lachen.)*
1. Engel:	Du zitterst ja vor Angst! Der Teufel hat Angst vor einem Kind! Das gibt es ja gar nicht! Ha, ha, ha!
2. Engel:	Du wolltest verhindern, dass die Hirten an die Krippe kommen. Und jetzt bist du selbst da.
3. Engel:	Vor Angst schlottern dir ja die Knie. Der Teufel hat Angst vor einem Kind! Ha, ha, ha!
3. Hirte:	Was! Der da ist der Teufel! Den hab ich mir ganz anders vorgestellt. Aber komisch kam er mir die ganze Zeit schon vor.
4. Hirte:	Jetzt läuft er weg, so schnell er kann!
1. Hirte:	Dann kann er uns wenigstens nicht mehr daran hindern, das Kind anzusehen.
2. Hirte:	*(sieht das Kind an)* Ich spüre es ganz genau: Dieses Kind ist von Gott gesandt.

3. Hirte: Ja, es ist der Heiland der Welt.

4. Hirte: Es stimmt alles, was die Engel uns verkündet haben.

Erzähler/in: Da knien die Hirten nieder und verneigen sich vor dem Kind. Ganz still ist es im Stall.
(Pause)
Schließlich wendet sich Maria zu den Hirten und sagt:

Maria: Es ist schön, dass ihr gekommen seid!

3. Hirt: Wir sind froh, dass wir euch gefunden haben.

4. Hirt: Und wir sind froh, dass alles so ist, wie es der Engel gesagt hat.

Josef: Uns hat Gott gesagt, dass unser Sohn eines Tages den Menschen den Weg zu Gott zeigen wird.

Maria: Das sieht man ihm jetzt noch gar nicht an. Aber ich glaube an das, was Gott uns gesagt hat.

Epilog

Gabriel: Schade, dass Luzifer schon weg ist! Die Hirten haben so andächtig vor der Krippe gekniet. Das hätte ihn sicher maßlos geärgert! Ich werde es ihm haarklein erzählen – heute noch, damit er sich so richtig ärgert! Allerdings – erst muss ich ihn finden. Aber das wird gar nicht so schwer sein. Bestimmt will er noch in anderen Gottesdiensten Unsinn machen. Doch die Suppe werde ich ihm versalzen, und zwar gründlich!
Also! Auf in die nächste Kirche! Von wegen besinnliches Weihnachtsfest! Euch Menschen hier in der Kirche wünsche ich das ja! Uns Engel hält der Teufel alle Jahre wieder zu Weihnachten ganz schön auf Trapp!
Also dann: Frohe Weihnachten und Adieu!

Lied: Stern über Betlehem (DS 166, EG RT, LJ 326, Strophe 3 + 4)

Jesus und die schwarzen Schafe

Ein Weihnachtsspiel für Kindergarten- und Grundschulkinder

Vorbemerkungen
Das Spiel kann auch als Alternative zur Erzählung »Das schwarze Schaf erzählt« S. 91ff. verwendet werden.

Inhalt
Als die Hirten zum Stall nach Betlehem gehen, nehmen sie nur die weißen Schafe mit. Als unerwartet die schwarzen Schafe auch an die Krippe kommen, wird das Kind in der Krippe froh und legt seine Hand auf den Kopf eines schwarzen Schafes. Josef deutet das als Zeichen Gottes, dass auch die schwarzen Schafe unter den Menschen zu Jesus kommen können.

Personen
Erzähler/in (Jugendliche/r oder Erwachsene/r)
Zwei Hirten
Enoch (ein alter Hirte)
Engel
Maria
Josef
weiße und schwarze Schafe (stumme Rollen)

Requisiten
Krippe
einige Holzscheite als Hirtenfeuer
Kopftuch und Umhang für Maria
Hut und Stock für Josef
weißes Gewand mit Flügeln für den Engel
(Fell-)Umhänge, Hüte und Stöcke für die Hirten
weiße bzw. schwarze Stirnbänder mit Schafohren
weiße bzw. schwarze Kleidung für die Schafe

Bastelanleitung für die Ohren der Schafe
Einen weißen oder schwarzen Kartonstreifen ca. 6 cm breit an den Kopfumfang des Kindes anpassen, das ein Schaf spielt, und zusammentackern. Die Ohren ebenfalls aus dem Karton ausschneiden (ca. 20 cm) und rechts und links an den Kartonstreifen über den Ohren des Kindes antackern oder ankleben.

Erzähler/in: Es ist eine dunkle und kalte Nacht. Die Hirten von Betlehem sitzen an einem Feuer und wärmen sich.

1.Hirte: Gestern habe ich auf dem Markt schon wieder weniger Geld für unseren Schafskäse bekommen.

2.Hirte: Das ist schlimm. Aber wir müssen froh sein, dass wir Arbeit haben.

1.Hirte: Aber was für eine! Wir arbeiten für einen Hungerlohn. Und jeder verachtet uns.

2. Hirte: Stimmt! Keiner kann uns leiden. Nur die Zöllner werden noch mehr verachtet als wir.

Enoch: Doch! Der Retter, den Gott schickt. Der mag auch arme Hirten leiden.

1. Hirte: Aber auf den Retter warten wir jetzt schon so lange. Ob der überhaupt noch kommt?

Erzähler/in: So reden die Hirten über ihre Armut. Sie sprechen über den verheißenen Retter, der auch Hirten nicht verachtet und den Gott schicken will. Da wird der Himmel plötzlich taghell. Die Hirten sind erschrocken. Sie sehen einen Engel. Der spricht zu ihnen:

Engel: Fürchtet euch nicht! Euch ist heute der Heiland geboren. Er ist der Retter, den Gott euch versprochen hat. Geht nach Betlehem. Da findet ihr ihn in einem Stall. Er heißt Jesus.

1. Hirte: Jetzt ist der Engel fort. Kommt! Wir gehen nach Betlehem.

2. Hirte: Wir wollen Jesus sehen.

1. Hirte: Aber was machen wir mit den Schafen?

Enoch: Nehmt die weißen Schafe mit. Ich bin schon alt und bleibe hier. Lasst die schwarzen Schafe bei mir.

2. Hirte: Warum sollen nur die weißen Schafe mit?

Enoch: Die schwarzen Schafe machen dem Kind bestimmt Angst. Ich bleibe mit den schwarzen Schafen hier.

Erzähler/in: So geschieht es. Die Hirten nehmen die weißen Schafe mit nach Betlehem. Enoch bleibt bei den schwarzen Schafen. Der Weg ist gar nicht weit. Bald sehen die Hirten den Stall. Sie öffnen die Tür und gehen hinein. Auch die Schafe gehen in den Stall.

Maria: Wie schön, dass ihr zu uns kommt. Woher wisst ihr denn, dass wir hier sind?

2. Hirte: Ein Engel hat es uns gesagt.

Josef: Seht, da liegt unser Kind in der Krippe. Es heißt Jesus. Er ist der Retter. Gott hat es uns gesagt. Er wird ein Freund der Armen sein.

Maria: Aber erst, wenn er einmal groß ist.

Erzähler/in: Da knien die Hirten vor dem Kind in der Krippe nieder. Auch die Schafe kommen dicht heran. Sie legen sich still neben die Krippe. *(Gut ausspielen!)*

Erzähler/in: Da geht auf einmal die Stalltür auf. Enoch tritt herein. Und hinter ihm kommen die schwarzen Schafe in den Stall.

1. Hirte: Enoch, was machst du denn hier? Du wolltest doch mit den schwarzen Schafen draußen auf dem Feld bleiben!

Enoch: Ja, das wollte ich auch. Aber die schwarzen Schafe waren traurig, als ihr fortgegangen seid. Da habe ich gemerkt, dass sie auch hierher kommen wollen.

2. Hirte: Aber du hast doch gesagt: Das Kind kriegt Angst vor den schwarzen Schafen. Und jetzt hast du sie doch mit in den Stall gebracht.

Erzähler/in: Die Hirten haben sehr laut gesprochen. Maria gibt ihnen ein Zeichen, sie sollen still sein. Aber schon verzieht das Kind in der Krippe das Gesicht. Es sieht so aus, als würde es im nächsten Augenblick anfangen zu weinen.

1. Hirte: Enoch, du bist schuld, wenn das Kind gleich weint. Du hättest die schwarzen Schafe nicht mitbringen dürfen.

Josef: Seht doch! Da ist ein schwarzes Schaf ganz nah an die Krippe gegangen. Es legt seinen Kopf auf den Rand der Krippe.

Maria: Oh wie schön! Jesus freut sich! Er streckt die Hand nach dem schwarzen Schaf aus. Er legt sie dem schwarzen Schaf auf den Kopf.

Josef: Ja wirklich! Jesus hat gar keine Angst vor dem schwarzen Schaf. Seht nur, wie er lacht. Er freut sich, dass das schwarze Schaf zu ihm gekommen ist.

Erzähler/in: Da gehen auch die anderen schwarzen Schafe ganz dicht an die Krippe heran.

Maria: Jetzt sind alle Schafe an der Krippe. Wie froh Jesus jetzt aussieht. Als ob er nur darauf gewartet hätte, dass alle Schafe zu ihm kommen.

Josef: Das ist sicher ein Zeichen von Gott. Aber was soll es bedeuten?

Erzähler/in: Lange denkt Josef darüber nach. Viele Jahre vergehen. Als Jesus erwachsen ist, findet er schließlich die Antwort. Denn Josef wundert sich, mit welchen Menschen Jesus sich an einen Tisch setzt. Er wundert sich, wen Jesus um sich hat: Es sind die schwarze Schafe unter den Menschen. Man nennt sie so, weil sie Unrecht getan haben. Aber auch sie dürfen zu Jesus kommen. Viele Jahre hat Josef nachgedacht. Jetzt weiß er, was das Zeichen im Stall von Betlehem bedeuten soll. Es bedeutet: Alle Menschen dürfen zu Jesus kommen. Auch die schwarzen Schafe.

Literatur- und Materialhinweise

LITERATUR

Bibelbilderbuch, Band 3, Deutsche Bibelgesellschaft, Stuttgart 1985

Bilderbuch »Jesus ist geboren« (Nr. 4151 aus der Reihe »Was uns die Bibel erzählt«), Deutsche Bibelgesellschaft, Stuttgart 2009

Das Kirche mit Kindern Liederbuch, hg. Rheinischer Verband für Kindergottesdienst; Wuppertal 2009

Die Bibel, Altes und Neues Testament; Einheitsübersetzung; Herder, Freiburg, Basel, Wien; © Katholische Bibelanstalt, Stuttgart 1980

Die Bibel oder die ganze Heilige Schrift des Altern und Neuen Testaments nach der Übersetzung von Martin Luther, Württembergische Bibelanstalt, Stuttgart 1970

Dir kann ich alles sagen, Gott; Psalmenübertragungen nicht nur für Kinder; Rheinischer Verband für Kindergottesdienst, Wuppertal 2007

Klever, Peter: Dahinter schauen; Gewohntes zu Weihnachten betrachtet von Peter Klever; Verlag Ernst Kaufmann, Lahr, 2. Auflage 1986

Laarmann, Heriburg: Bunt und schön ist unser Leben; Herder Verlag, Freiburg 1999

Müller, Paul Emanuel: Wir haben seinen Stern gesehen: Die Weihnachtserzählungen als Bilder menschlicher Grunderfahrungen; Claudius Verlag, München 1999

Sagt Gott wie wunderbar er ist. Neue Psalmen für Gottesdienste und Andacht, hg. v. Gottfried Mohr und Andreas Weidle; Verlag Junge Gemeinde, Leinfelden-Echterdingen, 2. Auflage 2006

Schawe, Erwin: Macht und Ohnmacht zweier Könige; in: Wort und Antwort 22. Jahrgang, Nr. 6 (November/Dezember) 1981; Matthias-Grünewald-Verlag Mainz; S. 161–163

Testa, Emmanuele ofm., Herodion IV; I graffiti e gli ostraka, in: Pubblicazioni dello studium Biblicum franciscanum N. 20; Franciscan printing press, Jerusalem 1972

MATERIALIEN

Stumpenkerze incl. Verzierwachsplättchen zum Selbstgestalten: Verlag Der Jugendfreund, www.jugendfreund.de

Weihnachtskrippenfiguren: Maria, Josef, Hirten, Engel, Drei Könige und Jesus in der Krippe als Biegepuppen (Erwachsene ca. 10–12 cm): Verlag Junge Gemeinde, www.junge-gemeinde.de

Baumwoll- und Chiffon-Legetücher (verschiedene Größen und Formen): Verlag Junge Gemeinde, www.junge-gemeinde.de

Halbedelsteine, Glasnuggets und andere Legematerialien: Verlag Junge Gemeinde, www.junge-gemeinde.de

Reihe: Materialien zur Gemeindearbeit

Erscheint seit 10 Jahren als ökumenische Koproduktion der Verlage Katholisches Bibelwerk und Junge Gemeinde

Zuletzt erschienen in der Reihe:

Ilse Jüntschke

Gott hat uns seine Welt geschenkt

Mit Kindern die Wunder der Schöpfung entdecken

ISBN 978-3-7797-2072-0 (Junge Gemeinde)
ISBN 978-3-460-25017-8 (Kath. Bibelwerk)

Andrea Braner, Christina Christ (Hg.)

AufSchwingen – getragen und frei

Ein bunter Kreativmarkt
mit Vorschlägen zum Feiern, Erzählen, Gestalten und Spielen

ISBN 978-3-7797-2069-0 (Junge Gemeinde)
ISBN 978-3-460-25016-1 (Kath. Bibelwerk)

Rhein. Verband für Kindergottesdienst (Hg.)

Von Ostern her gesehen

Gottesdienste und Projektideen für die Passions- und Osterzeit

ISBN 978-3-7797-2068-3 (Junge Gemeinde)
ISBN 978-3-460-25015-4 (Kath. Bibelwerk)

Regina und Peter Hitzelberger (Hg.)

Schere, Stift, Papier

Biblische Geschichten kreativ gestalten

ISBN 978-3-7797-2060-7 (Junge Gemeinde)
ISBN 978-3-460-25014-7 (Kath. Bibelwerk)

Peter Hitzelberger (Hg.)

Wo der Glaube eine Wohnung hat

Mit Kindern den Kirchenraum entdecken – Modelle und Bausteine

ISBN 978-3-7797-0591-8 (Junge Gemeinde)
ISBN 978-3-460-25013-0 (Kath. Bibelwerk)